RECUEIL

DE

CHANSONS POPULAIRES

PAR

E. ROLLAND

Tome VI.

PARIS

LIBRAIRIE DES VARIÉTÉS BIBLIOGRAPHIQUES

2, rue des Chantiers.

Avril 1890.

RECUEIL

DE

CHANSONS POPULAIRES

—

Tome VI

Tiré à 75 exemplaires numérotés à la presse.

N° 41

RECUEIL

DE

CHANSONS POPULAIRES

PAR

 E. ROLLAND

Tome VI.

PARIS

LIBRAIRIE DES VARIÉTÉS BIBLIOGRAPHIQUES

2, rue des Chantiers.

—

Avril 1890.

CCXXXVII. — SAINTE MARIE MADELEINE.

Quand Ma-de-leine était jeu-nette On la trou-vait si belle enfant, Tous les jours son pèr' lui di - sait: Ma fille il
faut t'y ma - ri - er.

Quand Madeleine était jeunette
On la trouvait si belle enfant....
Tous les jours son pèr' lui disait :
— Ma fille, il faut t'y marier.

Prends y prince, prends y un roi,
Prends y lequel que tu voudras.
— Je ne veux ni prince ni roi,
Je n'y veux pas me marier....

Madeleine monte en ses greniers
Pour prier Dieu dans ses Psautiers.
Mais tout pendant qu'ell' priait
Son petit cœur y soupirait.

— Ma mère, y a sur mes Psautiers
Par tous les pays qu'il faut passer....
Madeleine prit son manteau blanc
Par tous les pays s'en va dedans.

Sa mère monte en ses greniers
Pour voir son enfant s'en aller ;
Ell' maudissait ces bois si grands :
Je n' peux pas voir mon cher enfant !....

Partout où Madeleine passait
Tout y clairait, rien n'y brûlait,
Et les fontaines où elle buvait
Incontinent se tarissaient....

— Beau batelier, beau batelier
Aide-moi donc la mer passer. —
Le batelier prit Madeleine
Dedans la mer il l'a jetée.

Elle aperçoit un aubépin,
Ell' a tâché de l'attraper.
— Beau-z-arbre épin [1], beau-z-arbre épin,
Empêchez-moi de m'y nayer.

— Je ne suis pas un arbre épin,
Je suis Jésus et toi Marie....

Va-t-en dedans ces champs plorer,
Tu trouveré [2] mon fils Jésus,
Toutes les larmes que tu pleureré [3]
Les pieds d'Jésus t'en laveré [4].

Mais aussi tes beaux cheveux fins,
Les pieds d'Jésus t'en ressuyeré... [5]

Tous ceux qui diront la relation
Auront cinquante jours de pardon,
Et tous ceux qui l'écouteront
Ils en auront cinquante au long.

Cette chanson recueillie à Beaune (Côte-d'Or) en 1874 m'a été communiquée par M. F. BONNARDOT.

b)   Madeleine s'en fut à la messe
          Le jour de la Chandeleur.

---

1 = *arbre épin* = aubépin ou aubépine. 2 Tu trouveras. 3 Tu pleureras.
4 Tu en laveras 5. Tu en essuyeras.

Dans son chemin fit rencontre
Notre Dame des Sept Douleurs.

— Madeleine, belle fille,
Voulez-vous v'nir avec nous ?

— Nenni-da, répond-t-elle,
Vous n'avez pas le Seigneur.

— Ah ! si fait, lui dit-elle,
Le Seigneur est avec nous.

— Attendez moi zà la porte
Que j'aille chercher mes atours....

La robure qui la robe
Est toute battue en or.

La ceinture qui la ceintre
Lui fait cinquante deux tours.

La coiffure qui la coiffe
Les quatre soleils y sont.....

En entrant dedans l'église
Les cloches s'entrechoquaient [1],
Les autels s'entreluisaient.

Prêtres et clercs qui chantent matines
En ont perdu leurs leçons ;

Filles et femmes en potinôtres [2]
En ont perdu l'oraison.

Chanson du département de la Meuse communiquée par M. N. QUÉPAT.

c) Le bon Dieu, la sainte Vierge
Voyageaient tous deux chez nous.
Chantons tous [3]
Oui, chantons tous ensemble
La nuit de Noël
Solennel.

---

1 *Variante :* les cloches se mirent à sonner. 2 *C'est-à-dire* récitant leurs patenôtres. 3 Ou « chantons donc, » suivant que rime précédente est *ous* ou *on*.

Ils rencontrèrent Madeleine
Qui jouait avec les garçons.

— Madeleine, belle fille,
Voulez-vous venir avec nous ?

— Ma foi ! j'irai, sainte Vierge,
Je prendrai tous mes atous,

Je peign'rai ma bell' chev'lure
Qui pend jusqu'à mes talons.

Je prendrai ma rich' coiffure,
Ma Jeannett', mes anneaux d'our.

Je prendrai mon beau mouchoir
Où les quatr' soleils y sont.

Je prendrai ma bell' ceinture
Qui est tout garnie en our.

Je prendrai ma belle robe
Qu'est de quatre-vingts coulours.

Je prendrai mes beaux souliers
Qui sont bordés de velours.

Je prendrai mes beaux jupons
Qui font quatre fois le tour.

Je prendrai ma belle' d'vantière.
Où toutes les étoiles y sont... »

Quand elle sortit sur la place,
Les cloch's sonnèrent du coup.

Quand ell' fut dans le chemin,
Les arbres en fleurissaient tous.

Quand elle entra dans l' cim'tière
Les morts s'en relevaient tous.

Quand elle entra dans l'église,
Les cierg's s'allumaient partout.

Quand elle prit d' l'eau bénite,
L'autel trembla bout pour bout.

Quand ell' mit genoux en terre
Le mond' s'en releva d'bout.

Le clerc qui disait la messe
Au *Kyrie* demeura court.

Et l'clergé qui lui répond
En oublia sa leçon.

N'y eut que le grand saint Pierre
Qui n' fit pas attention :

— « Tout beau, tout beau, Madeleine
Abaissez votre grandour! »

— Prêtres continuez la messe,
Je n' l'abaiss'rai pas pour vous. »

Chanson des environs de Pontorson (Manche) recueillie par M. Oscar HAVARD.

Quand la Vierg' vint à la mes-se Le jour de la Chan-de-lou, Le jour de la Chan-de-lou, Ell' print sa plus bel-le ro-be Qui est de cinq cents cou-lous. Nou - ë-el Nou - ë - el Nou - ël Nou.

1. — Quand la Vierge vint à la messe
Le jour de la Chandelou[1] (*bis*)
Elle[2] print sa plus belle robe
Qui est de cinq cents coulous,

Nouëel, Nouëel, Nouël, Nou.

[1] Chandeleur.. [2] Il s'agit de Sainte Madeleine qui vient de recontrer la Vierge.

2. — La ceinture d'or qui la serre
   Faisait bien dix mille tours.
   All' s'en va chez sa voisine :
   — Voul' ous venir quant et nous[1] ? —

3. — Les chemins par où qu'all's passent
   Les bussons[2] fleurissaient tous.
   Quand all's furent dans l' cimetière
   Les kioches sonnaient tertous[3].

4. — Quand all's furent dedans l'éguiése[4]
   L'éguiése reluisait tout ;
   Lo prêt' qui disait la messe
   En a ombelié[5] les mous[6].

5. — Qui qu'y a dans cette éguiése
   Qui ne fait ombelier tout ?
   — C'est Madeleine et Marie
   La mère de Notre Seignou.
   Qu'all's nous mènent en Paradis
   Et nous conduisent tertous.

PAVEC, *chants pop. de la Haute-Bretagne, recueillie par un Guérandais de 1809, habitant Savenay depuis 50 ans.* Savenay, 1884, p. 57. Je dois la mélodie à l'obligeante entremise de MM. Gaidoz et Luzel.

M. H. de la Villemarqué a publié une version presque identique de cette chanson (recueillie par M. Yves Ropartz) dans le *Bull. archéol. de l'association bretonne*, t. VII, Saint-Brieuc, 1888, p. 241. — Il a deux vers de plus (après le 3ᵉ couplet) :

> Le rossignol sur sa branche
> Chantait ses airs les plus doux.

e

La Vierge allant à la messe
Le jour de la Chandeleur,
Rencontra la Madelaine
Tenant un bouquet de fleurs.
*Saluons la Vierge Marie
Et Jésus notre Sauveur.*

— Madelaine, belle fille,
Veux-tu venir avec nous ?
—Hélas ! comment donc irai je
Je n'ai pas mes beaux atours.

Mais si vous voulez m'attendre
Je m'en vais les vêtir tous. —
Ceinture qui l'environne
Lui fait bien quatrevingt tours.

1 Voulez-vous venir avec nous ? 2 Les buissons. 3 Les cloches sonnaient.
4 L'église. 5 Oublié. 6 Les mots.

La couronne est sur sa tête,
Les quatre soleils y sont.
Le prêtre qui dit la messe
En a perdu la leçon ;
C'est de la belle venue
De la belle Madelon. *Saluons...*

LEMAIGNEN, *Vieux Noels*, 1879, t. III, p. 48.

Lou boun Dïou, la chén-to Vier-dzo, Lou boun Dïou,
la chénto Vier-dzo Ché per-mé-na voun toous dous, Dé nou-
vè-chi, dé nou-vè-chi, Ché per-ména voun toous dous, Dé
nou-vè-chi én toous.

Lou boun Diou, lo chénto Vierdzo
Ché permenavoun toous dous ;
    Dé nouvèchi, dé nouvèchi, en toous.

Rencontrèroun Madaléino
Que dzougavo én loous garchous.

— Voulès véni, Madaléino,
Vous perména coumo nous ?

— Non foou cherto, Chénto Vierdzo,
Vous n'aménas pas de garchous !

— Chi foou cherto, Madaléino,
Iéou méni lou pu bel de toous.

Echpéra mé, Chénto Vierdzo,
Iéou voou quèré ma leïchou ;

Iéou voou quèré ma queifuro
Que lou choulel rayo dedzou.

N'en voou quèré ma rooubeto
Que n'o dèz aounas de grandour.

N'en voou quèré ma chénturo
Qué faï tredzé cos lou tour.

Ch'en vooun per oouvi lo mecho
Din l'egleïdzo de Chent Clar.

En tout entrant din l'egleïdzo
Loous ooutals n'en trembloun toous.

En prendré l'aigo beneto
Lou bénitiè fagio lou tour.

Loous prèchtrés quittoun lour mécho,
Maï loous clergués lours leïchous.

— Atsabas, prèchtrés, lo mecho,
Et clergués, vochtras leïchous.

— Paoujo, paoujo, Madaléino,
Paoujo un paou de tas hoounours.

— Ni las paouji ni las lévi,
Mas las paoujaraï pas per vous;

Lou Boun Diou las m'a dounadas
Que las pourtèchis tous loous dzours.

Traduction. — Le Bon Dieu, la Sainte Vierge se promenaient tous deux, *De Noël de Noël à tous.* — Ils rencontrèrent Madeleine qui jouait avec les garçons. — Voulez-vous venir, Madeleine, vous promener avec nous ? — Non fais certes, Sainte-Vierge, vous n'amenez pas de garçons ! — Si fais certes, Madeleine, je mène le plus beau de tous ! — Attendez-moi, Sainte-Vierge, je vais chercher ma *leçon;* je vais chercher ma coiffure où le soleil rayonne dessous; je vais chercher ma robette qui a dix aunes de grandeur; je vais chercher ma ceinture qui fait treize fois le tour (de mon corps). — Ils vont entendre la messe à l'église de Saint-Clair. En entrant dans l'église les autels en tremblent tous; au prendre l'eau bénite le bénitier faisait le tour (se retournait). Les prêtres quittent leur messe et les clercs leurs leçons. — Achevez, prêtres, la messe, et clers, vos leçons. — Dépose, dépose, Madeleine, un peu de tes honneurs. — Je ne les dépose ni les lève, et ne les déposerai pas pour vous. Le Bon Dieu me les a donnés pour que je les porte tous les jours, *De Noël, de Noël à tous.*

Chanson recueillie à Puymèges (arrondissement de Brive, Corrèze) en 1887, par M. G. DE LÉPINAY.

g)   Lou Boun Diou, la Bouno Vierdzo
Se permenavoun tous dous
De nouvé, de nouvé,
Se permenavoun tous dous
De nouvé tsa nou, de nouvé tsa nou.

Rincountreroun Madaleino
Que drugav' imbé lous garçous.

— Bian lou boundzour, Madaleino,
Voudrias-vous ven' imbé nous ?

— Noun pas, noun pas, sinto Vierdzo
Vous menas pas de gorçous !

— Chi fait ! chi fait ! Madaleino,
Nous menons la flour de tous.

— Peita m'ati, sinto Vierdzo,
Ioou voou quere mo leyssou...

Cha soun païre lo pignavoun
Amb' un pintsé d'ardzentou.

Cha sa maïre lo coïffavoun
Im cinq aounos de velous.

Lo peruco qu'ilo porto
Y pindio drusqu'oous toïous.

Lou coutillou qu'ilo porto
Y fogué tres cos lou tour.

Loun dovantaou qu'ilo porto
Lou soulè rayo dessus.

Et lou coulet qu'ilo porto
Eï de trinto-sié coulours.

Et lous souliès qu'ilo porto
Soun tout gornis de velours.

Onavoun oouvi lo misso
A l'iglesdzo de Saint-Flour.

Quand fugueroun a mié de plaço
Lous sins sounavoun tous sours.

Quand fugueroun a mié de porto
Lou benitié fogué lou tour.

Quand fugueroun a mié l'iglesdzo
Lous ooutars trombleroun tous.

Lou prêtre coubra lo misso
O maï lous clers las leissous.

N'y o maï que lou boun saint Peire
Que tsontavo bin toudzours.

— Tout beau ! tout beau ! Madaleino,
Obeïssa vostro grondour !

— Prestres, otsoba lo misso,
L'abayssoraï pas per vous.

Jesous doou tsioou l'o dounado,
Lo pourtoraï tous lous dzours.

Traduction. — Le bon Dieu, la sainte Vierge, se prome-
nient tous les deux. Ils rencontrèrent Madeleine qui jouait
avec les garçons. — Bien le bonjour, Madeleine, voulez-vous
venir avec nous ? — Non pas, non pas, sainte Vierge, vous
ne menez pas de garçons [avec vous].— Si fait, si fait, Madeleine, nous menons la fleur de tous. — Attendez-moi là,
sainte Vierge, je vais chercher ma *leyssou* [1]. — Chez son père
on la peigna avec un peigne d'argent. Chez sa mère on la
coiffa avec cinq aunes de velours. La cheveure qu'elle portait
pendait jusqu'à ses talons. Les jupons qu'elle portait faisaient
trois fois le tour (de son corps). — Le tablier qu'elle portait,
le soleil rayonnait dessus. Le fichu qu'elle portait était de
trente-six couleurs. Les souliers qu'elle portait étaient tout
garnis de velours. Ils allèrent entendre la messe à l'église de
Saint-Flour. Quand ils arrivent au milieu de la place les
cloches sonnèrent toutes seules. Quand ils furent au milieu de
la porte, le bénitier tourna sur lui-même. Quand ils furent au
milieu de l'église, les autels commencèrent à trembler. Le
prêtre oublia la messe et les clercs oublièrent la leçon. Il n'y
eut que le bon saint Pierre qui chantait toujours bien. — Tout
beau ! tout beau ! Madeleine, abaissez votre grandeur. —

[1] Instrument en cuivre ou en or qui sert à attacher les cheveux.

Prêtres, continuez la messe, je ne l'abaisserai pas pour vous.
Jésus du ciel me l'a donnée, je la porterai tous les jours.

Chanson recueillie à Ussel (Corrèze), par M. CLIGNY. Le recueilleur de la chanson la croit originaire d'Auvergne. — *Poés. pop. de la Fr. Mss. de la B. N.*, t. VI, fᵉᵗ 270.

h) Marie-Marthe si s'en va
  Trouver Jésus :
— O Jésus, mon doux sauveur,
  Mon rédempteur,
Je ne peux pas convertire
  Ma chère sœur.

— Marie-Marthe, allez-y
  Et dites lui
Qu'à l'église on va prêcher
  La vérité,
Qu'elle vienne pour l'entendre
  Et l'écouter. —

Madeleine répondit :
  — Non, j'irai pas,
J'aime mieux aller au bal
  Et au violon
Que d'aller entendre
  Le sermon. —

Marie-Marthe si s'en va
  Trouver Jésus :
— O Jésus, mon doux sauveur,
  Mon rédempteur,
Je ne puis pas convertire
  Ma chère sœur.

— Marie-Marthe, allez-y
  Et dites lui
Qu'à l'église est arrivé
  Trois beaux cadets
Qui désirent de la voire
  Et lui parler. —

Madeleine répondit :
  — Oh ! oui, j'irai ; [bis,]
Laissez-moi prendre mes ha-
  Mes diamants d'or,
Toutes sortes de frisures
  Dessus mon corps. —

Quand la Madeleine entra
  Jésus prêcha,
Sur les vanités du monde
  Il a prêché ;
Le cœur de la Madeleine
  En fut touché.

Quand le sermon fut fini,
  Jésus sortit,
Madeleine le suivant
  Tout en pleurant,
Déchirant ses beaux habits
  Ses beaux diamants.

Ses amants la voyant pleurer
  [voulurent] la consoler.
— Oh ! non, non, il n'est plus temps,
  Il faut changer,
Des racines du bois
  Me faut manger !

V. SMITH, *Chants du Velay et du Forez.* (Dans *Romania*, 1873, p. 438).

Allegro moderato.

i)

Marthe aux pieds de Jé-sus, Mar-the pri-ait: ah! Jé-sus, mon doux Jé-sus, Mon ré-demp-teur, Ja-mais j'nai pu con-ver-tir Ma chè-re sœur.

Marthe aux pieds de Jésus,
　　Marthe priait :
—Ah ! Jésus, mon doux Jésus,
　　Mon rédempteur,
Jamais j'n'ai pu convertir
　　Ma chère sœur.

— Allez, Marthe, allez-y
　　Et dites-lui
Qu'à l'église nous aurons
　　Un beau prêcheur
Qui fera un beau sermon ;
　　Nous l'entendrons.

Quand Mad'lein' fut entrée,
　　Jésus prêchait ;
Sur la vanité du monde,
　　Jésus prêchait ;
Dans le cœur de Madeleine
　　Il pénétrait.

Quand Jésus eut fini,
　　Jésus sortait ;
Madeleine le suivait,
　　Toujours pleurant,
Déchirant ses belles rob's,
　　Ses beaux rubans.

(Neuville-les-Decize (Nièvre). Communication de M. Achille MILLIEN.

Allegretto grazioso.

j)

San-to Mar-tho, a-netz l'y, Et di-guetz li Qu'à l'é-glis' es ar-ri-bat un grand pré-cheur Que vou-driè tou-car soun a-m' Et mai son cœur.

— Santo Martho, anetz l'y
Et diguetz li
Qu'à l'eglis' es arribat
Un grand *précheur* [1],
Que voudriè toucar soun amo
Et mai *son cœur* [2] —

Santo Martho se s'en va
Sa sur trouvar,
Se li di : — ma boueno sur,
Ma chero sur,
Vous fariè-ti gaud [3] d'entendre
Un grand préchur ? —

Madaleno Madeloun
Li di que noun,
Que prefero mai les dansos
Et les viourouns [4],
Que d'entendre de prechanços [5]
Et de sermouns.

Santo Martho se s'en va
Jesus trouvar,
Se li di : — moun bouen Jesus,
Mon doux *sauveur* [6],
Ren de ce qu'es doou bouen Diou
Tento *ma sœur* [7]

— Santo Martho, anetz l'y,
Et diguetz li,
Qu'à l'eglis' es arribat
Tres beous cadets
Que desirarien la veire
Enca 'no fes. —

Santo Martho se s'en va
Sa sur trouvar,
Se li di : — Ma boueno sur,
L'y a tres cadets
Que desirarien vous veire
Enca 'no fes. —

1. Le mot est en français. 2. En français. 3. Plaisir. 4. Les violons. 5. Le rédications. 6. En français. 7. *Id.*

Madeloun n'a pas mancat
De se parar,
De se mettre ses daururas
Ses bagos d'or
Touto sorto de belluros
Dessus soun corps.

Quand la Madaleno intret,
Jesus prechet ;
A tan préchat sur lou vici,
Sur lou pecat,
Que soun couer et mai soun amo
N'en a toucat.

Quand lou sarmoun es finit,
Ell' a sourtit ;
A desfach sa cheveluro
En souspiran,
En se deraban ses perlos
Et ses diamants.

Nes cadets li van apres :
— Damo, qu'avetz ?
— Gentilshommes, beous cadets,
Leissetz m'estar,
La vanitat d'aquest mounde
Iou vau quitar ;

Iou m'en vau dins uno baumo
Sout' un bouissoun,
M'en vau mangear de racinos
Et de cardouns,
Per n'en expiar les fautos
De Madeloun.

Chanson provençale recueillie par M. PALABON, publiée dans DAMASE ARBAUD, *Chants pop. de la Prov.*, 1862, t. II, p. 15.

k) Martra es lleva demati
Martra demati es llevave,
Martra diu a Magdalena :
— Si al sermo n'haveu anada.
    Dalt del cel
Dalt del cel tinguem posada,
Que posada hi tinguem.

— Yo no so anat al sermo,
Ni en tal cosa no pensava.
— 'Neu-hi, 'neu-hi, Magdalena,
Quedareu enamorada,
Qu'en predica un jovenet
Que fa la cara d'un angel. —
Vinguen, vinguen anells d'or

[Y] manilles y arracades
Y també 'l manto de seda
Qu'al seu cap arboreave;
També s'en porte 'ls criats,
Els criats y les criades.
Magdalena s'en hi va,
Magdalena s'en hi anave.
Magdalena arribe alli,
Sota la trona 's posave :
Al primé mot del sermo
Dintre del cor ya ni entrave,
Al segon mot. del sermo
Magdalena ya plorave.
Al tercé mot del sermo
Manto à la cara 's tirave,
Y al quart mot del sermo
Magdalena y a s'alsave,
Y al quint mot del sermo
Magdalena s'en va á casa.
Y al prenent aygua beneyta
Un penitent n'encontrave.
— M'en diria, 'l penitent,
Lo bon Jesùs hont anave ?
— A casa dels Fariseus
Alli convidat estave. —
A la porta de l'Iglesia
Deixe criats y criades
Y també los anells d'or
(Les) manilles y arracades,
Y també 'l manto de seda
Que al seu cap arboreave.
Magdalena arrive alli,
Sota la taula s' posave,

De les llagrimes que li queyen
Peus de christo ya rentave.
Ab la seu cabellera
Los peus de Christo aixugave.
— Alsa 't, alsa 't, Magdalena,
Que ya n'estás perdonada;
Pero has d'ana set anys
Al desert de la muntanya,
Menjant herbes y timons,
Alli faras vida santa. —
Magdalena s'en y va
Al desert de la muntanya,
Menjant herbe y timons,
Allé feye vida santa.
Acabat de los set anys
Magdalena s'en va à casa,
Y en essent a mitx cami
Una fonteta encontrave.
Ya s'en va rentá les mans,
Les mans y la seua cara :
— ¿ Ay mans qui-os ha vist y
                        [os veu,]
Heu quedat desfigurades ! —
Ya 'n baixa un àngel del cel.
— Magdalena qu'ets dit ara ?
Has de tornà altres set anys
Al desert de la montanya. —
Acabat de los set anys
Magdalena s'en alsave.
Quant es à [la] mitja nit
Magdalena ya finave ;
Los angels ti feyen llum
La verge l'amortellave.

Chanson catalane. — M. MILA Y FONTANALS, *Romancerillo catalan*, Barcelona, 1882, p. 40-43.

Allegretto.

Mar-ta 's lle-va de-ma-ti   A ser-mò se n'es a-na-da,

Quan tor-na-va de ser-mò S'en va á ca-sa sa ger-ma-na.

Dalt del cel Dalt del cel tin-drèm po-sa-da Dalt del cel.

Marta 's lleva demati
A sermo se n'es anada,
Quan tornava de sermo
Se n'va à casa sa germana.
   Dalt del cel
Dalt del cel tindrém posada
   Dalt del cel.

Madalena s' pentinava
Ab una pinta daurada,
Mentres que se 'n pentinava
Ja n'arriba sa germana.

— ¿Me dirias, Madalena,
Si has anat à missa encara?
— No hi he anat, germana, no,
Ni en tal cosa no hi pensava.

— Veshi, veshi, Madalena,
Quedaràs enamorada,
Que hi predica un jovenet
Un angel del cel semblava.

Madalena se n'va à dalt
A posars' las sevas galas;
Se 'n posa los anells d'or,
Las manillas y arracadas,

Y la prenda del or fi
Al seu cor se la posava,
Y també lo manto d'or
Que per terra arrossegava.

Madalena se n' hi va
Ab sos criats y criadas.

Al se' al entrant de la sgleia
Se mig gira à una criada.

— Valgam deu, quin jovenet,
Llastima que sia frare ! —
A la porta de la sgleya
Deixa als que l'acompanyavan.

Sgleya amunt, sgleya avall
No troba lloch hont posarse;
Per sentir millo 'l sermo
Sota la trova s' posava.

Lo primer mot del sermo
Per Madalena ja anava.
Las paraulas que sentia
Totas lo cor li tocavan.

Quan son al mig del sermo
Madalena càu en basca.
— No 't desmayis, Madalena,
Que lo sermò ja s'acaba,

Ja se 'n treu los anells d'or
Las manillas y arracadas,
Y la prenda del or fi,
Als séus peus se la posava.

Acabat qu'es lo sermo
Madalena se 'n tornava.
A la porta de la sgleya
Un penitent hi trobava.

— Me dirias, penitent,
¿ Ahont es aquell bon frare ?
— A la taula n'es Jesus,
N'es allà que dina encara.

Madalena se n' hi va
Sota la taula 's posava.
Los ossos que Jésus llensa
Ella los arreplegava.

Ab llàgrimas dels seus ulls,
Los peus de Cristo rentava

Y ab la sua cabellera
Madalena 'ls aixugava.

Bon Jesus se 'n va adonar
Promptement li preguntava :
— Que buscas-tu, Madalena,
Que buscas-tu tota la taula ?

— Busco per aqui à Jesus
Si voldria confessarme.
— ¿ De que 't confessaràs-tu ?
De que 't confessaras ara ?

— De que me 'n confessarè ?
De las mas culpas passadas.
— La penitencia que 't do
Set anys en une montanya,

Menjant herbas y fenolls
Menjant herbas amargantas. —
Acabat de las set anys
Jesus per alli passava :

— Alsat, alsat, Madalena,
Que ja ne estàs perdonada. —
Madalena se n'alsat
Cap à casa se 'n tornava.

Quan va ser à mig cami
Troba una font de aiga clara,
Ab l'aiga de aquella font
Las sevas mans se 'n rentava.

— Ay, mans qui 'us ha vist y 'us véu,
Com ne son desfiguradas ! —
Ja sent una veu que diu :
— Madalena n'ets pecada.

— Angel meu, si n' hi pecat,
Penitencia 'm siga dada.
— Torna, torna, Madalena,
Set anys en una montanya,

Menjant herbas y fenolls
Menjant herbas amargantas. —

Acabats los catorz' anys
Madalena ja 'n finava.

San Joseph n'era 'l fuster
Que la caixa li clavava,
San Joan n'era 'l florista
Que li feya la enramada,

Los angels li feyan llum
La Verge l'amortallava,
Y ab gran cantarella al cel
Cap al cel se la empujavan.

Chanson catalane. - F. PELAY BRIZ, *Cansons de la terra*, t. II. p. 99.

Andante.

Marta s'lleva demati, Dret à missa se n'a-nava; quan ei-xi-a de l'i-glesia Pass' á casa sa ger - mana, Dalt del cel dalt del cel, Tinguem po - sa-da, dalt del cel.

Marta s'lleva demati,
Dret a missa se n'anava,
Quan eixia de l'iglesia
Pass' a casa sa germana,
Dalt del cel, dalt del cel
Tinguem posada, dalt del cel.

— Deu te guart, la Magdalena.
— Deu te guart, germana Marta,
— ¿ Que no has anat a sermo ?
— En tal cosa no pensava.

— Véshi, véshi, Magdalena,
Qu'es cosa que t'convé ara;
Que n'predica un jovenet,
Bon Jésus s'anomenava.

Magdalena se n'hi va,
Sota la trona s' posava.
Al primer mot de sermo
Magdalena suspirava;

Al segon mot de sermo
Se n'tira l' vel a la cara;
Al tercer mot de sermo
Magdalena cau en basca.

Al acabar lo sermo,
Lo bon Jesus se n'va a casa;
Lo segueix la Magdalena,
Lo segueix de passa en passa.

A casa del Fariseu
Té Jésus taula parada;
Magdalena se n'hi va,
Sota la taula s'posava.

Las llagrimas que li queyan
Los peus de Christo rentavan;
Ab la seva cabellera
Los peus de Christo aixugava.

— ¿ Que fas aqui, Magdalena,
Tant trista y desconsolada?
— Aqué vinch, lo confessor,
Si voldriau confessarme.

Espérat, la Magdalena,
Prompte estaras confessada;
Te n'hauras d'anar set anys
Al desert de la montanya,

Menjant herbes y timons,
Alli faras vida santa. —
Al cap de aquestos set anys
Magdalena se n'va à casa;

Quan ja n'era a mitj cami
Una fonteta n'enquantra;
Magdalena se n'hi va
Y cara y mans se n'rentava.

— ¡ Ay, mans, qué us han vist y us véuhen,
Qu'estau tant desfigurades !
Soliau porta' anells d'or,
Manillas y arrecadas. —

Ja n'sent una veu molt fonda ;
— Magdalena, ¿ qu'has dit ara ?
— Si per cas jo so pecat,
Penitencia m'sia dada.

— Set y set faran catorze,
Al desert de la montanya,
Menjant herves y timons,
Alli faras vida santa. —

Al cap d'aquestos set anys
Magdalena ja finava ;
Los angels li feyan llum,
La Verge l'amortallava.

Chanson catalane. — JOAN SEGURA. *Cansons catalanas aplegadas en la comarca d'Urgell* (Dans *Miscelanea folklorica*, Barcelona. 1887, p. 120).

n) Vuojo cantà 'na biela urazione,
Li parte de Mareîa Mandalena.
Quando su' pare gira per mureîre,
El gà lassiato un bel castielo d'uoro,
Un bel castielo d'uora e anche de arzento.
Mareîa Madalena in nel castielo,
La vido el bon Gisoù che loûi passava ;
De la verguogna la se teîra indrento.
El bon Simon ghe deîse : Chi xi quila ?
— Mareîa Mandalena pecatreîçe. —
E la se meto a pianzi e a lagremare,
De lagreme' la fiva oùna funtana ;
Per lavaghe li piedi al nostro Signure.
La nu' truva nè manto, nè tuvaja,
Per sugaghe li piedi al nostro Signure,
Cu' li su' bionde drisse la li sugava.
— Meî volgio fà oùna grànda pinitenzia. —
— Chi pinitenzia voùsto, Mandalena ?
— Int' oùna scoùra gruota meî andareîa,
Nè puorte, nè finiestre che nun seîa.

— Duve ti durmiravi, o Mandalena ?
— Soùn quila noùda tiera i' durmireîa.
— Cuossa ti mangereìa, o Mandalena ?
— De quila croùda gerba i' mangereîa.
— Cuossa ti bevareîa, o Mandalena ?
— Un puo' de aqua salsa i' bevareîa.
Fineîta è l'urazion di Mandalena,
Int'oùna oscura gruota la stanziava.

Traduction. — Je veux chanter une belle oraison, la chanson de Marie-Madeleine. Lorsque son père allait mourir, il lui a laissé un beau château d'or, un beau château d'or et d'argent. Marie-Madeleine dans le château, le bon Jésus l'a vue, comme il passait par là. A cause de la honte elle se retire dedans. Le bon Simon lui demande : qui est-elle ? — Marie-Madeleine la pécheresse. Elle se mit alors à pleurer, à larmoyer. Elle faisait une fontaine de pleurs pour laver les pieds à Notre-Seigneur. Ne trouvant ni manteau, ni linge pour essuyer les pieds à Notre-Seigneur, elle les lui essuyait avec ses tresses blondes. — Je veux faire une grande pénitence. — Quelle pénitence veux-tu faire, Madeleine ? — Je veux m'en aller dans une grotte obscure où il n'y aura ni portes ni fenêtres. — Où dormiras-tu, Madeleine ? — Je dormirai sur la dure — Que mangeras-tu, Madeleine ? Je mangerai de l'herbe crue. — Que boiras-tu, Madeleine ? — Je boirai un peu d'eau saumâtre. —

Voilà terminée l'oraison de Madeleine, elle demeurait dans une grotte obscure.

Chanson de l'Istrie. — ANTONIO IVE, *Canti popolari istriani raccolti a Rovigno,* Torino, 1877, p. 366.

Doloroso.

Ma - ri - e Ma - de - lei - ne s'en va par les pays, Ma - ri - e Ma - de - lei - ne S'en va par les pa-ys.

Marie-Madeleine
S'en va par les pays;   } bis.

S'en va de porte en porte
Pour chercher Jésus-Christ. } *bis.*

A la dernière porte
Jésus-Christ s'y trouva. } *bis.*

— Marie-Madeleine,
Que cherchez-vous ici ? } *bis.*

— Seigneur, qui êtes mon père,
J'y cherche confession. } *bis.*

— Marie-Madeleine,
Quel péché avez-vous fait ? } *bis.*

— Seigneur, qui êtes mon père,
J'en ai bien que trop fait ; } *bis.*

La terre qui me porte
Ne m'y peut plus porter ; } *bis.*

Les arbres qui me regardent
Ne font que d'y trembler. } *bis.*

— Marie-Madeleine,
Sept ans au bois de Beaune vous rest'rez. } *bis.*

— Seigneur, qui êtes mon père,
De quoi y vivrai-je ? } *bis.*

— Marie-Madeleine,
De la racine des bois. } *bis.*

— Seigneur, qui êtes mon père,
De quoi y boirai-je ? } *bis.*

— Marie-Madeleine,
De la rosée des bois. } *bis.*

— Seigneur, qui êtes mon père,
Sur quoi coucherai-je ? } *bis.*

— Marie-Madeleine,
Dessus un genévrier. } *bis.*

— Seigneur, qui êtes mon père,
Vous m'y viendrez donc voir. —

Quand il fut au bout d'la septième, [1]
Que Jésus-Christ la vient voir :

— Marie-Madeleine,
Comment vous portez-vous ?

— Seigneur, qui êtes mon père,
Je m'y porte pas bien.

Mes mains qu'étiont aussi blanches   } bis
Que de la fleur de lys,

Maintenant qui sont aussi noires   } bis.
Que du cuir bouilli.

— Marie-Madeleine,
Sept ans de plus vous resterez.

— Sept et sept font quatorze,
Le terme en est bien long !

Seigneur, qui êtes mon père,   } bis.
Vous m'y reviendrez donc voir. —

Quand il fut au bout d' la septième
Que Jésus-Christ la r'vient voir :

— Marie-Madeleine,
Comment vous portez-vous ?

— Seigneur, qui êtes mon père,
Je me porte très bien.

— Marie-Madeleine,
Allez au paradis ;

La porte en est ouverte
D'puis hier à midi.

Chanson recueillie à Sermoyer (Ain), par l'abbé Nyd en 1854. — *Poésies popul.
de la France*, Mss. de la B. N. tome I, f^{el} 60.

1 Quand la septième année fut arrivée.

Un poco allegro.

C'est Ma-rie Ma-de-lei-ne Tout en s'y pro-me-nant, C'est

Ma – rie Ma-de – lei-ne, Tout en   s'y pro-me-nant, Dans son

che-min ren-con-tre Not' Sei – gneur Jé-sus Christ Dans son

chemin ren-con-tre Not' Sei – gneur Jé-sus Christ.

C'est Marie-Madeleine
Tout en s'y promenant   } *bis.*

Dans son chemin rencontre
Not' seigneur Jésus-Christ. } *bis.*

— O Marie-Madeleine,
Là-voù t'en vas-tu donc ?   } *bis.*

— O Dieu béni, mon maître,
Jy vas my confesser.   } *bis.*

— O Marie-Madeleine,
As-tu bien des péchés ?   } *bis.*

— O Dieu béni, mon maître,
La terr' ne m'peut plus porter. } *bis.*

— O Marie-Madeleine,
Il faut fair' pénitence   } *bis.*

— O Dieu béni, mon maître,
Comment faut-il donc fair' ? } *bis.*

— O Marie-Madeleine,
Sept ans dans ce p'tit bois ! } *bis.*

— O Dieu béni, mon maître,
De quoi j'y viverai ?   } *bis.*

— O Marie-Madeleine,
Des racines du bois. } bis.

— O Dieu béni, mon maître,
De quisque j'y boirai ? } bis.

— O Marie-Madeleine,
Du p'tit ruisseau coulant. } bis.

— O Dieu béni, mon maître,
Oùsque j'y coucherai ? } bis.

— O Marie-Madeleine,
Dans la feuillée du bois. } bis.

— O Dieu béni, mon maître,
Quand viendrez-vous my voir ? } bis.

— O Marie-Madeleine,
Tout au bout de sept ans.... } bis.

Tout au bout de sept ans,
Jésus s'en va la voir. } bis.

— O Marie-Madeleine,
Du droit au Paradis !... } bis.

— Ah ! quand on vous sert bien,
Vous servez bien aussi ! } bis.

(Chantée par Marie-Jeanne Gendras à Préporché-en-Morvan.) Chanson de la Nièvre recueillie par M. Achille Millien, musique notée par M. Penavaire.

9)
'— Hé ! Marie-Madeleine,
Tu es en grand péché.
Sept ans au bois des fées
Sept ans pour y pleurer !

— Jésus, mon divin maître,
De quoi vivrai-je y donc ?
— Hé ! Marie-Madeleine,
Des racines de ce bois.

— Jésus, mon divin maître,
De quoi boirai-je y donc ?
— Hé ! Marie-Madeleine,
De l'eau de ces rochers. —

Au bout de sept années
Jésus Christ va la voir.   } bis.

Hé ! Marie-Madeleine,
Toujours en grand péché !
Sept ans au bois des fées,
Sept ans pour y pleurer !

— Jésus, mon divin maître,
De quoi vivrai-je y donc ?
— Hé ! Marie-Madeleine,
Des racines de ces bois.

— Jésus, mon divin maître,
De quoi boirai-je y donc ?
— Hé ! Marie-Madeleine,
De l'eau de ces rochers ! —

Au bout de sept années
Jésus-Christ va la voir.   } bis.

— Hé ! Marie-Madeleine,
Tout droit en paradis !
— Jésus ! mon divin maître,
Qu'il fait bon vous servir !

Oui, tous ceux qui vous servent,
Vous les mettez en écrit ;
Mais ceux qui vous délaissent
Vous les laissez dans l'oubli !

Montigny-aux-Amognes (Nièvre), Chanson communiquée par M. ACHILLE
MILLIEN.

Andante.

7)

Ma - ri - o Ma - da - le - no, La pau - ro pe - cai - ritz,

S'en vai, de pouert'en pouerto, Cer-car Diou-Jé-sus Christ.

Mario Madaleno,
La pauro pecairitz,

S'en vai, de pouert' en pouerto,
Cercar Diou Jésus-Christ.

Pass' à n'uno capelo
Jesus l'y ero dedins,
Doou pè piqu'à la pouerto :
— Jésus ! venetz durbir. —

San Jean di a san Peyre :
— Regardo qu'es aquit. —
— Es Marie Madaleno
La pauro pecairitz.

— Mario Madaleno
Eici que venes far ?
— Seignour Diou, moun bouen paire,
Me vene counfessar.

— Ah ! digo, Madaleno,
Ah ! digo tes pecats.
— N'ai tan fach e fa fayre,
Les pouriou pas noumbrar.

La terro que me pouerto
Me deuriè pas pourtar,
La vill' oun te siou nado
Se deuriè proufoundar.

— Set ans, souto la baumo,
Te foudr' ana estar. —
Au bout de set anneios
Jésus-Christ l'y a passat.

— Mario Madaleno,
De que tu n'as viscut ?
— De racinos sauvageos
Et n'a pas toujou agut.

— Mario Madaleno,
De qu'aigo n'as begut ?
— N'es d'aigo trebourado [1]
Et n'ai pas toujou agut.

[1]. Troublée.

— Seignour Diou, mouen bouen paire,
Mes mans voudriou lavar. —
Jésus piqu' à la roco
D'aigo n'en a raiat.

— Ai ! belo man blanqueto,
Blanco coumo lou lach,
Fresco coumo la roso,
Que t'a vist et te vei ![1]

— Mario Madaleno,
Tournes dins lou pecat.
Set ans as resta 'n baumo,
Set ans l'y tournaras.

— Seignour Diou, moun bouen paire,
Coumo pourrai l'y star ?
— Ta souere Santo Martho
T'anara counsoular.

La blanco couloumbeto
Te pourtar' à dinar ;
Et les auceous que pitoun
T'anaran abeurar.

— Seignour Diou, moun bouen paire,
Me l'y fetz plus tournar [2];
Des larmos de mes uelhs
Les mans me lavarai ;

Des larmos de mes uelhs
Les peds vous lavarai,
Des chevus de ma testo
Vous les eissugarai [3].

Chant provençal. — DAMASE ARBAUD, *Chants pop. de la Prov.*, 1862.

s)   — Mario Madaleno,
Pecadouro de Diu,
Perque auètz-bous pecat ?
— Jèsus, lou men Diu Jesus,
M'en counechi pas nat.

1. Qui t'a vue et te voit ! [Quelle différence il doit trouver !] 2. Ne m'y fais plus retouner. 3. Je vous les essuierai.

— Mario Madaleno,
Set ans, dens las mountagnos,
Angueratz damoura. —
Au cap de set annados
Ero se retira.

Mario Madaleno
S'en ba dens las mountagnos.
Set ans i a demourat.
Au cap de set annados
Proche un arriu s'en ba.

Mario Madaleno
Las mas au briu de l'aigo.
Las mas s'en ba laua.
Quant se las a lauados
Las se ba mirailla.

— Mario Madaleno,
Sèt ans dans las mountagnos
Tourneratz damoura.
— Jésus, lou moun Diu Jèsus,
Tant que bous bouleratz. — .

Mario Madaleno
Au cap de set annados
Jèsus l'angouc trouba.
— Mario Madaleno,
Au cèu que cau ana. —

Traduction. — Marie-Madeleine, pécheresse de Dieu, pourquoi avez-vous péché ? — Jésus, mon Dieu Jésus, je ne m'en
connais aucun [aucun péché][1]. — Marie-Madeleine, sept ans
dans les montagnes vous irez demeurer. — Au bout de sept
années elle se retira. Marie-Madeleine s'en va dans les montagnes. Sept ans elle y a demeuré ; au bout de sept années,
proche d'un ruisseau elle s'en va. Marie-Madeleine, les mains
au courant de l'eau, les mains s'en va se laver. Quand elle se
les a lavées, elle les admire. — Marie-Madeleine, sept ans
dans les montagnes vous reviendrez demeurer. — Jésus, mon
Dieu Jésus, tant que vous voudrez. — Marie-Madeleine, au
bout de sept années, Jésus l'alla trouver : Marie-Madeleine,
au ciel il faut aller.

Parnassac (Gers). — J. F. BLADÉ, *Poés. pop. de la Gascogne*, 1881, 1, 183-185.

1. C'est-à-dire aucun que je n'ai commis.

Ma-ri-o Ma-ta-le-no Que n'a-viò tan pe-

cat; S'en vai de por-to en-por-to-, Per trouba un cu-rat.

Mario Mataleno,
Que n'avio tan pecat,
S'en vai de porto en porto
Per trouba un curat.

Passo a n uno capelo,
Jésus i cro dedins.
Elo tusto la porto :
— Sius plet, vene durbi. —

San Jan dit a San Pierre :
— Regardo qui 's aqui.
— Mario Mataleno,
Nous i caldra dourbi.

— Mario Mataleno
Aissis que venes fa ?
— Moussegnes Jean et Pierre,
Ne venio confessa.

— Digos-nous, Mataleno,
Digos-nous tous pecats,
— N'ei tant feit dins ma vido
Que se pot pas coumta.

La terro que me porto
Se deurio englouti,
La vilo ount sou i nascudo
Se deurio demouli.

— Set ans dejoust la caugno
Te cal ana resta. —
Al cap de set annados
Jesus ven a passa.

— Mario Mataleno,
De que tu n'as viscut?
— De racinos sauvajos,
N'ei pas toujour agut.

— Mario Mataleno,
Quno aigo n'as begut ?
— Re que d'aigo treboulo,
N'ei pas toujour agut.

Jésus-Christ, moun boun paire
Voudriò lava las mas. —
Jésus tusto la roco
Sul cop l'aigo a rajat.

— O mas ta poulidetos,
Blancas coumo lou lait,
Vous sios feitos pla negros
Negros coumo un cremal.

Vous qu'eres ta blanquetos,
Ta frescos de coulou
Que las rosos musquetos
Que soun al rousieirou.

— Mario Mataleno,
Retornes al pecat ;
Set ans dejoust la caugno
Penitenso faras.

Jésus-Christ, moun boun paire
Coussi pouirei ieu fa?
— Maltro[1], ta santo sorre,
Ti vendra counsoula.

1. Marthe.

— Boun Jesus, pietadeto,
M'i faguets pas tourna,
De mous els las larmetos
Me lavaran las mas.

De mous els las larmetos
Les peds vous lavaran,
Lous pelses de ma testo
Vous lous eisssugaran.

Chanson recueillie à Narbonne par M. GUIBAUD. — *Revue des langues romanes*,
1886, p. 265.

u)

La praubo Madaleno
Plouro, que hè pietat,
S'en ba de porto en porto
Quista la caritat.

A la prumero porto
Jésus-Crit a troubat :
— Digo dounc, Madaleno,
A qui bos-tu parla ?

— Iè! moun Diu, moun Diu Jésus,
Boi parla à Jésus-Crit.
— Digo dounc, Madaleno,
Quantis pecatz as hèit ?

— Iè! moun Diu, moun Diu Jésus,
De tant que jou n'èi hèit,
Iè! moun Diu, moun Diu Jésus,
M'en soubengui pas mès.

— Digo dounc, Madaleno,
Bas ana à la roco (*bis*)
Set ans i bas resta. —

Au cap de sèt annados
Jésus la ba trouba.
— Digo dounc, Madaleno,
De que tu as biscut ?

— Iè! moun Diu, moun Diu Jésus,
Coumo lou bestia menut,
Mès sounco que l'aigueto
Moun Diu, que m'a manquat. —

Jésus touco la roco
Et l'aigo a coulat.

— Bous aus, praubos manotos,
Negros coumo carmail
Adaro, qu'etz blancotos
Blancos coumo cristail.

— Digo dounc, Madaleno,
N'as doublat lou pecat.
— Ié! moun Diu, moun Diu Jésu ,
En qué bous ëï manquat?

— En lava tas manotos
As doublat lou pecat,
T'en bas tourna à la roco
Set ans i cau resta. —

Mes au cap de set ans
Jésus la ba trouba :
— Digo dounc, Madaleno,
De que as-tu biscut?

— Ié! moun Diu, moun Diu Jésus,
Coumo lou bèstia menut,
Mès sounco que l''aigueto
Moun Diu, que m'a manquat. —

Jésus touco lo roco
Et l'aigo a coulat.   } bis.

— Moun Diu! per de l'aigueto
Disigu, n'en boi pas;
Cadré tourna à la roco
Set ans y demoura.

Lou boun Diu se la meno
Tout dret en paradis.

Traduction. — La pauvre Madeleine, elle pleure à faire pitié;
elle s'en va de porte en porte quêter la charité. — A la première
porte Jésus elle a trouvé : Dis donc, Madeleine, à qui veux-tu
parler? — Eh! mon Dieu, mon Dieu Jésus, je veux parler à
Jésus-Christ. — Dis donc, Madeleine, combien de péchés as-
tu faits? — De tant que j'en ai fait, je ne m'en souviens plus.
— Dis donc, Madeleine, tu vas aller au rocher, sept ans tu
vas y rester. — Au bout de sept ans Jésus la va trouver. —

. Dis donc, Madeleine, de quoi as-tu vécu? — Comme le menu bétail, sauf que l'eau m'a manqué. — Jésus touche la roche, et l'eau a coulé. — Vous pauvres menottes noires comme la crémaillère, maintenant vous êtes blanchettes, blanches comme cristal! — Dis donc, Madeleine, tu as doublé le péché; tu vas t'en retourner à la roche, sept ans il faut y rester. — Mais au bout de sept ans Jésus va la trouver. — Dis moi, Madeleine, de quoi as-tu vécu? — Comme le menu bétail sauf que l'eau m'a manqué. — Jésus touche la roche et l'eau a coulé. — Mon Dieu! pour de l'eau, certes, je n'en veux pas, il me faudrait retourner à la roche, sept ans y demeurer. — Le bon Dieu l'emmène tout droit en paradis.

J. F. BLADÉ, *Prières pop. de la Gascogne*, I, p. 338.

O pau-ro Ma-ta-le-no, O pau-ro Ma-ta-le-no, Pe-ni-
ten-so te cal fa, Pe-ni-ten-so te cal fa.

O pauro Mataleno, (*bis*)
Penitenso te cal fa. (*bis*)

Te cal ana 'las balmos
Set ans i demoura.

Al cap de set annados
Paradis auras gagnat. —

Al cap de set annados
Jesus la vai trouba.

— O pauro Mataleno,
Quno vido as tengut?

— O Jesus, le boun Jesus,
La que vous avés vourgut;

N'ai culido l'erbeto
Coumo l'bestia banut[1];

N'ai pas agut d'aigueto
Quand icu auriò vourgut. —

Jesus pertits la roco,
D'aigueto n'es vengut.

Ta leu qu'arribo l'aigo,
Sas mas s'encourt lava;

Blancos coumo la neijo,
Negros coumo l'pecat,

— O pauro Mataleno,
Perque as tournat peca?

T'en cal tourna' las balmos,
Set ans i demoura;

Set et set fan quatorze,
Paradis auras gagnat. —

[1] Comme le bétail cornu.

Al cap de set annados.   O pauro Mataleno,
Jesus la vai trouba :   Al cel te cal ana,

  En compagno das anjos,
  La Vierges i sara.

Chanson recueillie à Belesta (Ariège). — *Revue des langues romanes*, 1886, p. 267.

x)   Maria-Madelaina
   S'en va pour lé pays,
   Courre de porte en porte
   Pour trouver Jésus-Christ,
   Pique très cos à la porta,
   Tres cos et bien pethi.
   — Et quav ès ma porta
   Qui piquo tout pethi.
   Maria Madelaina,
   Dé qué demandes-tu ?
   — O Jésus-Christ, mon maître,
   Me voudria confesser !
   — Maria-Madelaina,
   Quant de péchés as faits ?
   — N'ai fait tant d'uns et d'autres
   Lou savé pas nouma...
   Maria Madelaina,
   Dé qué céi as vestiu ? [1]
   — D'erba de lé racinas,
   N'ai pas toudzours adiu [2],
   — Maria-Madelaina,
   Dé quen' aigua as bediu [3] ?
   — D'aigua de la triboulina [4],
   N'ai pas toudziours adiu...
   — Regardez mes mains blanches
   En quoi sont devenu's !
   — Maria-Madelaina,
   Tu as tourné [5] pécher,
   Va-t-en dessus les baumes [6]
   Sept ans pour demeurer.
   — O Jésus-Christ, mon maître,
   Lai m'anaria pas voir ?

1 Vécu. 2 Eu. 3 Bu. 4 Mare troublée. 5 Recommencé à. 6 Cavernes, grottes.

— T'envoyarai[1] un andze,
Lai alléro te voir. —
É bout de sept annéies,
Jésus-Christ l'alle voir.
— Maria-Madelaina,
Dè què céi as vestiu ?
— D'erba de lé racinas,
N'ai bien toudzours adiu.
— Maria-Madalaina,
Dè quen' aigua as bediu?
— D'aigua de la claira fontaina,
N'ai bien toudjours adiu.
— Vène[2] que nous n'anaren ensembla
Tout droit au paradis.
Ainsi fasçoun les nostros
Quand lour corps partiron !

Chanson recueillie à Sainte-Eulalie (Ardèche). V. SMITH, *Chants du Velay et du Forez*, dans *Romania*, 1875, p. 439.

y) 1. — Maria-Madileinna,
Cosa gh' aviv magnà?
— De le ravise d'erbi ·
Se mi n'aviss avù.

2. — Maria-Madileinna,
Cosa gh' avi bevù?
— De l'acqua si rincla
Se mi n'aviss avù.

3. — Maria-Madileinna
Gh' avivi un gran dolor?
— Set ani int ona grotta
Penitensia paccator.

Version de Parme. — G. FERRARO, *Spigolature di canti popol. parmigiani* dans *Archivio delle trad. pop.* 1889, p. 323.

z) Lu signuruzzu 'mpreula acchianau,
Lu cori a Maddalena ai firiu :
Li pompi e li bellizzi idda lassau,
Na tonaca di lana si mittiu.
La genti chi la vitti chi passau :
— Chi avi Maddalena, chi mpazziu ?
— Non sugnu pazza no, Diu mi chiamau,
Sugnu mpazzata pri amuri di Diu.

[1] Je t'enverrai   [2] Viens.

Traduction. — Le joli petit Seigneur est monté; il toucha le cœur de Madeleine; elle quitta les vanités et les pompes mondaines et s'habilla d'une tunique de laine. Le peuple qui la voyait passer: Qu'a-t-elle, Madeleine? Est-elle folle? — Non, je ne suis pas folle, je suis folle pour l'amour de Dieu.

Partinico (Sicile). — SALOMONE-MARINO nella *Raccolta amplissima di Canli popol. siciliani*, di L. Vigo, Catania, 1874.

aa)

'Απ' αὐλὴ μοναστηριοῦ
κι ἀπὸ θύρι θύριθιοῦ
ἀγγέλοι μπροβάλανε,
τρεῖς φορὲς φωνάξανε·
— Μαρία ἡ Μαγδαληνή,
6 γιατὶ κοιμᾶται μοναχή;
— Ὄχι, ἀφέντες μου καλοί,
δὲν κοιμοῦμαι μοναχή,
ἔχω Πέτρο, ἔχω Παῦλο,
ἔχω δώδεκ' ἀποστόλοι.
τοῦ Χριστοῦ μας τὸ ρασάκι
12 ἔβαλα προσκεφαλάκι.
Δούλη τοῦ Θεοῦ λογοῦμαι,
καὶ κάνένα δέ φοβοῦμαι.

Traduction. — Par la cour d'un monastère, — par la baie d'une fenêtre, — des anges se sont avancés, — trois fois ils ont crié: — « Marie Magdeleine, — pourquoi es-tu couchée seule? » — « Mais non, mes bons seigneurs, — je ne suis pas couchée seule; — J'ai Pierre, j'ai Paul, — j'ai les douze apôtres; — et de la robe de notre Christ. — Je me suis fait un doux oreiller. — Je me dis la servante de Dieu — et je n'ai peur de personne. »

Chanson dictée à Syra, en septembre 1875, par Speranza Manoussakis, domestique, âgée de 18 ans et professant la religion catholique romaine.

Communication de M. Emile LEGRAND.

ab)

1. *Der stod en Qvinde at öse Vand :*
— Jesus, Herren min ! —
Og der kom Jesus gangendes frem.
Magdalena bad alt til vor Herre.

2. « *Hór du, kiær Qvinde, jeg siger dig :*
Du giv mig Drikke udaf din Haand ! »

3. « Så gierne jeg dig Drikke gav,
   Om jeg kunde det Sólv-Kar naae. »

4. Qvinden hun saae Skaren saa stor :
   « Var du saa reen, som du var baaren !

5. Qvindens Verk og i saa stor :
   Tre Bórn har du i sorten Jord.

6. Den eene med din Fader :
   Den anden med din Broder.

7. Den tredie med vor Sogne-Præst :
   Den synd hun staar dig allerstórst. »

8. Qvinden fald for Jesu Knæ :
   « Min kiære Jesus, skrifte mig ! »

9. Ey andet Skrifte skal du faae,
   Syv Aar skal du paa Marken gaae.

10. Ey andet Aede skal du faae:
    End Græsset, som paa Marken staar.

11. Ey andet Drikke skal du faae,
    End Duggen, som paa Græsset staar. »

12. Der de syv Aar forgangen var,
    Han skulde see om Qvinden sin.

13. « Hór du, kiære Qvinde, hvad jeg siger dig :
    Hvor læger det i Fasten din ? »

14. « Saa læger det i Fasten min :
    Der jeg aad Bród og drak det Viin. »

15. « Saa glædelig skal du Himmerig faae :
    Du skal og for min Moder staae. »

Traduction. — 1. Une femme était à puiser de l'eau : — *Jésus, mon Seigneur* — Et Jésus vint s'approchant — *Madeleine pria Notre-Seigneur.* — 2. « Ecoute, chère femme, ce que je te dis : Tu me donneras à boire à même ta main ! » — 3. « Je voudrais bien te donner à boire, Si je pouvais avoir la coupe d'argent ! — 4. La femme regarda la foule qui était si grande : « Que tu fusses aussi pure que tu es née ! — 5. L'œuvre de la femme (*le reste est incompréhensible*). Tu as trois enfants dans la terre noire. — 6. L'un avec ton père : L'autre avec ton frère. — Un troisième avec notre curé : Ce péché est ton plus grand ! — 8. La femme tomba aux genoux de Jésus : « Mon cher Jésus, confesse-moi ! » — 9. Je ne peux te confesser autrement : Pendant sept ans tu iras aux champs. — 10. Tu n'auras pas d'autre manger que l'herbe qui est aux champs. — 11. Tu n'auras pas d'autre boisson que la rosée qui est à l'herbe. — 12. Quand étaient passés les sept ans, Il allait voir la femme. — 13. « Écoute, chère femme, ce que je te dis : Comment cela va-t-il avec ton jeûne ? » — 14. « Voici comment il est allé avec mon jeûne : J'ai mangé le pain et bu le vin. » — 15. « Grande joie tu auras aux cieux : Tu paraîtras aussi devant ma mère.

Version danoise, tirée d'une feuille volante du 17ᵉ ou du 18ᵉ siècle. — GRUNDTVIG, *Gamle danske Folkeviser*, II, n° 98. — Traduction littérale par M. KR. NYROP.

Langsamt.

ac)

Ma - ri - a sad ved Brønd at to, Je - sus, o

Her - re min ! en gam - mel Mand for hen - de stod. Mar-ri Mag-da-

le - ne hun bad til Vor-her-re.

1. *Maria sad ved Brønd at to,*
   — Jesus, o Herre min ! —
   En gammel Mand for hende stod.
   Marri Magdalene hun bad til Vorherre.

2. « *Hór, Maria favr og fin !*
   Hvor har du gjort af Bórnene din' ? »

3. « *Ingen Mand saa har jeg havt,*
   Og ingen Bórn saa har jeg faaet. »

4. *Tre smaa Bórn har du faaet,*
   Og Livet har du af dem ta' et.

5. « *Det fórste ved din Fader,*
   Det andet ved din Broder.

6. Det tredje ved din Sogneprœst,
Den synd skal staa dig allernœst. »

7. « Mens du véd min Synd saa stor,
Da straf mig, mens jeg er paa Jord !

8. Saa haard en Straf saa vil jeg lide,
Men frees min Sjœl fra Jammer og Kvide ! »

9. Ikke' anden Straf saa skal du lidæ ! :
Seks Uger skal du faste udi.

10. Ikk' anden Aede skal du faa,
End som det Grœs, du sidder paa.

11. « Ikk' anden Drikke skal du faa,
End som den Dug, der falder paa. »

12. Seks Uger de var rundne hen,
Den gamle Mand han kom igjen.

13. « Hór, Maria favr og fin !
Hvordan har du lidt i Fasten din ? »

14. « Jeg har lidt i Fasten min,
Som jeg had' œdt Bród og drukket Vin ! »

15. « Og har du lidt i Fasten din,
Som du had' œdt bród og drukket Vin :

16. Kom saa, Maria, og fólg med mig !
Din Lod skal være i Himmerigæ »

17. Alt paa det Sted, hvor Maria sad,
Der vokste Liljer hvide og blaa.

Traduction. — 1. Marie était assise près d'un puits à blanchir du [linge, — *Jésus, ô mon Seigneur !* — Un vieillard se présente devant elle, *Marie Madelaine pria notre Seigneur.* — 2. « Écoute Marie, belle et fine ! Qu'as-tu fait de tes enfants ? » — 3. « Je n'ai pas eu de mari, Je n'ai pas eu d'enfants. » — 4. « Tu as eu trois petits enfants, Et tu les as tués. — 5. Le premier avec ton père, Le deuxième avec ton frère. — 6. Le troisième avec ton curé, Ce péché est le plus grave. » — 7. « Si tu connais mon grand péché, Punis-moi, quand je suis sur la terre ! » — 8. Je veux bien subir si dure peine, Mais sauve-moi l'âme de misère et de perte ! » — 9. Je ne te donnerai pas d'autre pénitence, Tu jeûneras pendant six semaines. — 10. Tu n'auras pas d'autre nourriture, Que

l'herbe sur laquelle tu es assise. — 11. Tu n'auras pas d'autre
boisson, Que la rosée qui tombe sur l'herbe. » — 12. Six semaines étaient passées, Le vieillard revint. — 13. « Écoute
Marie, belle et fine! Comment est allé le jeûne? » — 14. « Le
jeûne est allé, Comme si j'avais mangé du pain et bu du
vin! » — 15. « Si ton jeûne est allé Comme si tu avais mangé
du pain et bu du vin — 16. Viens, Marie, et suis-moi! Ta
place sera aux cieux. » — 17. Et sur l'endroit où Marie était,
Croissaient des lys blancs et bleus.

Version danoise recueillie dans le Jutland vers 1870. — J. KRISTENSEN, *Jyske Folkeviser og Toner.* Copenhague, 1871, p. 197. — Traduction littérale par M. K. NYROP.

ad)

1. *En Kvinde gik ud at öse vand,*
    — Jesus, herre min! —
Og Jesus han til kvinden kom.
Magdalen hun bad til Vorherre.

2. « *Og hör du, Magdalen bäde favr og fin,*
Du give mig drikke af kande din !

3. *Tre börn haver du i sorte jord,*
Og dem ar du avlet i synden stor.

4. *Den ene er med din fader,*
Den anden er med din broder.

5. *Den tredje er med din sognepræst,*
Den synd den er dig allervæst. »

6. « *O herre, giv mig skriftemäl, så hård,*
Jeg haver syndet mod himmel og jord ! »

7. « *Jeg skal give dig skriftemål så hård,*
At du skal faste udi syv år.

8. *Du skal ikke andet til föde fä*
End af den jord, som du stander på.

9. *Du skal ikke andet at drikke fä*
End af den dug, som der falder på. »

10. *Da de syv år var gangen om.*
Og Jesus han til kvinden kom.

11. « *Og hör du, Magdalen bäde favr og fin,*
Hvorledes har du levet ved fasten din ? »

12. « *Jeg haver levet godt med fasten min,*
    Jeg äd den mad, jeg drak den vin ! »

13. *Nu sidder Magdalen udi Himmerig,*
    Der beder hun godt for alle og sig.

14. *Hun beder for kornet, på marken monne gro,*
    At det en god fremvœkst kan opnå.

15. *Hun beder for skibet, som i sóen monne gå,*
    At det en god sejlads kan opnå.

16. *Hun beder for kvinder, som fosteret bœr,*
    At de en god forlósning må få.

Traduction. — 1. Une femme alla puiser de l'eau, *Jésus, mon Seigneur!* Et Jésus vint à la femme, *Madeleine pria notre Seigneur.* — 2. « Écoute Madeleine belle et fine, Donne-moi à boire de ton broc ! — 3. Tu as trois enfants dans la terre noire, Tu les as engendrés en péché. — 4. L'un avec ton père Le deuxième avec ton frère. — 5. Le troisième avec ton curé, Et ce péché est le plus grave. » — 6. « Oh! mon Seigneur, donne-moi une pénitence sévère, J'ai péché contre ciel et terre ! » — 7. Je te donnerai une pénitence sévère, Tu jeûneras pendant sept ans. — 8. Tu n'auras pas d'autre nourriture Que de la terre sur laquelle tu marches. —9. Tu n'auras pas d'autre boisson, Que la rosée qui tombe sur la terre ! — 10. Quand les sept ans furent passés, Jésus alla à la femme. — 11. « Ecoute, Madeleine belle et fine, Comment as-tu vécu avec ton jeûne ? » — 12. J'ai bien vécu avec mon jeûne, J'ai mangé la nourriture et bu le vin ! —13. Maintenant Madeleine est aux cieux, Elle prie pour tous et pour elle-même. — 14. Elle prie pour le blé dans les champs, Pour qu'il croisse bien. — 15. Elle prie pour le navire en mer, Qu'il ait le vent favorable. — 16. Elle prie pour toutes les femmes enceintes Que leur délivrance soit heureuse.

Version danoise recueillie dans le Jutland en 1886. — *Skattegraveren* (périodique), 1887, I, 81-82. — Traduction littérale par M. Kr. Nyrop.

Mag - da - le - na går åt   Käl - le-flod

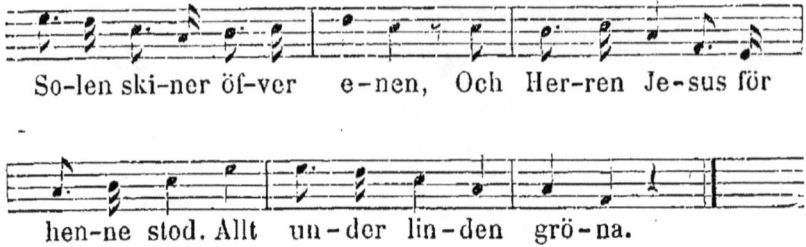

So-len ski-ner öf-ver   e-nen,   Och Her-ren Je-sus för

hen-ne stod. Allt   un-der lin-den   grö-na.

1. *Magdalena går åt källeflod —*
   Solen skiner ofver enen —
   Och Herren Jesus för henne stod,
   Allt under linden gröna.

2. *« Och hör du Magdalena, hvad jag säga må :*
   Och hur skall jag det kalla vattnet få? »

3. *« Hade jag här mina sölfkannor två,*
   Så skulle du det kalla vattnet få. »

4. *« Hade du inte så många löndemän,*
   Så skulle jag dricka ur din bara hand. »

5. *Och Magdalena hon svor vid Gud,*
   Att hon aldrig varit i mansens hus.

6. *Magdalena svor vid helige And',*
   Att hon aldrig visste om löndeman.

7. *Magdalena svor vid konung bäld,*
   Att hon har aldrig varit i mansens våld.

8. *« Och Magdalena, svär inte mer !*
   Löndemän det har du tre. »

9. *« Magdalena, svär inte så !*
   Tre barn hafver du till verlden fätt. »

10. *« Det ena aflad' du med din far,*
    Det sänkte duned i hafsens qvaf. »

11. *« Det andra aflad' du med din bror,*
    Det sänkte duæned i hafsens flod. »

12. *Det tredje aflad' du med din sockenprest,*
    Dermed du syndade allra mest. »

13. *Magdalena hon föll på sin' bara knä :*
    « Och Herre Jesus, skrifta mig här! »

14. « Och sådan skriftning skall du få :
    J ätta år skall du i skogen gå. »

15. « Och ingen annan mat skall du få
    Än löf på lindeträden små. »

16. « Och ingen annan drick skall du få
    Än dagg på lindelöfven små.

17. « Och ingen annan säng skall du få
    Än ligga på linderytter små. »

18. « Och ingen annan ro skall du få
    Än orm och drake skall för dig gny. »

19. När de åtta åren framlidne va',
    Herren Jesus för Magdalena står.

20. « Och hör du, Magdalena, kär dotteren min,
    Hvad tyckes dig om maten din? »

21. « Väl tyckes mig om maten min,
    Som jag har spisat vid kungens bord. »

22. « Och hör du, Magdalena, kär dotter min,
    Hvad tyckes dig om drycken din? »

23. « Väl tyckes mig om drycken min,
    Men jag har druckit det klara vin. »

24. « Och hör du, Magdalena,
    Hvad tyckes dig om bädden din? »

25. « Väl tyckes mig om bädden min,
    Som jag har legat i en blomstersäng. »

26. « Hör du, Magdalena,
    Hvad tyckes dig om roen din? »

27. « Väl tyckes mig om roen min,
    Som jag har hört ett orgelspel. »

28. « Ännu så skall du nåder få »
    « Magdalena, synda aldrig så ! »

Traduction. — 1. Madeleine va à la source, *Le soleil brille sur le genièvre.* Et le Seigneur Jésus était devant elle *Sous le vert tilleul.* — 2. « Écoute, Madeleine, ce que je veux te dire : Comment aurai-je l'eau froide? » — 3. « Si j'avais ici mes deux coupes d'argent Tu aurais l'eau froide. — 4. « Si tu

n'avais pas tant d'amants, Je boirais à même ta main : —
5. Et Madeleine jura Dieu Qu'elle n'avait jamais été dans la
maison d'un galant. — 6. Madeleine jura le Saint-Esprit,
Qu'elle n'avait pas d'amants. — 7. Madeleine jura le vaillant
roi Qu'elle n'avait jamais été entre les bras d'un homme. —
8. « Oh ! Madeleine, ne jure plus ! D'amants tu en as trois ; » —
9. « Madeleine, ne jure pas ainsi ! Trois enfants tu as mis au
monde. » — 10. L'un engendré avec ton père, Tu l'as noyé au
fin fond de la mer. » — 11. L'autre engendré avec ton frère,
Tu l'as noyé dans les profondeurs de la mer. » — 12. Le troisième avec ton curé, Et en ceci tu as péché le plus. » —
13. Madeleine tomba à ses genoux : « Oh ! Seigneur Jésus,
confesse-moi ! » — 14. « Je te confesserai tellement : Durant
huit ans tu marcheras au bois. » — 15. « Tu n'auras pas
d'autre nourriture Que les feuilles des petits tilleuls. » —
16. « Et tu n'auras pas d'autre boisson Que la rosée sur les
petites feuilles des tilleuls. » — 17. « Et tu n'auras pas d'autre
lit Que de coucher sur les petites racines des tilleuls. » —
18. Et tu n'auras pas d'autre repos ; Les guivres et les dragons
rugiront pour toi. » — 19. Quand les huit ans furent passés,
Le Seigneur Jésus était devant elle. — 20. « Écoute, Madeleine,
ma chère fille, Comment te plaît ta nourriture ? » — 21. « Aussi
bien me plaît ma nourriture, Comme si j'avais mangé à la
table du roi. » — 22. « Écoute, Madeleine ma chère fille, Comment te plaît ta boisson ? » — 23. « Aussi bien me plaît ma
boisson, Comme si j'avais bu le vin pur. » — 24. « Écoute,
Madeleine, Comment te plaît ton lit ? » — 25. Aussi bien me
plaît mon lit, Comme si j'avais couché dans un lit de fleurs. »
— 26. « Écoute, Madeleine. Comment te plaît ton repos ? » —
27. « Mon repos me plaît aussi bien, Comme si j'avais entendu
des sons d'orgue. » — 28. « Tu peux encore avoir ta grâce,
— « Madeleine, ne pèche jamais ainsi ! »

Version suédoise, GEIJER och AFZELIUS, *Svenska folkvisor*, 1, nᵒ 8⁷. — Traduction littérale par M. KR. NYROP.

af) *Traduction sans texte.* — 1. La femme allait puiser de l'eau :
— *Jésus mon Seigneur !* — Et trouva Jésus-Christ devant elle.
— *Madeleine prie notre Seigneur.* — (Ou : *Marie-Madeleine !*)
— 2. « Es-tu aussi pure que moi : Alors j'aurais bu dans ta
main. — 3. « La femme dit en jurant : « Je n'ai conscience
d'aucun péché. » — 4. « Femme, femme ! ne jure pas si
fortement ! Tu as trois enfants dans la terre noire. — 5. Le

premier avec ton père : — L'autre avec ton frère. — 6. Le
troisième avec ton curé : Et voilà ton plus grand péché. »
— 7. « Cher Jésus ! confesse-moi ! Je ne te demande pas autre
chose. » — 8. « Je ne te veux confesser Si tu ne jeûnes pendant quinze ans. — 9. Tu ne mangeras rien, Que la pomme
sèche. — 10. Tu ne boiras rien, Que la rosée qui tombera sur
toi. » — 11. Quand les quinze ans furent passés, Jésus alla à
la femme. — 12. « Madeleine, fine femme ! Et comment va
ton jeûne ? » — 13. « Mon jeûne va ainsi : J'ai mangé ton
pain et bu ton vin. » — 14. « Voilà ce que je te donne pour
ta patience : Tu serviras ma mère aux cieux. — 15. Servir
ma mère aux cieux : sept fois plus claire que le soleil ne
brille. »

Version des îles Feroë, traduite en français sur la traduction danoise de
GRUNDTVIG, *Gamle danske Folkeviser*, II, n° 98, par M. KR. NYROP.

ag) The maid shee went to the well to washe,
    Lillumwham, lillumwham !
The mayd shee went to the well to washe,
    Whatt then ? what then ?
The mayd shee went to the well to washe,
Dew ffell of her lilly white fleshe.
    Grandam boy, grandam boy, heye !
Leg a derry, leg a merry, mett, mer, whoope, whir !
Driuance, larumben, grandam boy, heye !

While shee washte and while shee ronge,
While shee hangd o the hazle wand.

There came an old palmer by the way,
Sais, « God speed thee well, thou faire maid ! »

« Hast either cupp or can,
To giue an old palmer drinke therin ? »

— Sayes, « I have neither cupp nor cann
To give an old palmer drinke therin ? »

« But an thy lemman[1] came from Roome,
Cupps and canns thou wold ffind soone. » —

1 Amant.

Shee sware by God and good Saint John
Lemman had shee neuer none.

— Saies, « Peace, ffaire mayd, you are forsworne!
Nine children you have borne.

« Three were buryed under thy bed's head,
Other three under thy brewing leade.

« Other three on yon play greene ;
Count, maid, and there be nine. »

« But I hope you are the good old man
That all the world beleeves upon.

« Old palmer, 1 pray thee,
Pennaunce that thou wilt give to me. »

« Penance I can give thee none
But seaven yeere to be a' stepping-stone.

« Other seaven a clapper in a bell,
Other seaven to lead an ape in hell.

« When thou hast thy penance done,
Then thoust come a mayden home. »

Version anglaise (Percy ms.) — F. J. CHILD, *Pop. ballads*, I, 232-233.

ah) « Seven years ye shall a stone.....
For many a poor palmer to rest him upon.

And you the fair maiden of Gowden-gane.

« Seven years ye 'll be porter of hell,
And then I'll take you to mysell.....

« Weel may I be a' the other three,
But porter of hell I never will be »

(*A ballad book*, by CHARLES PATRICK SHARPE, p. 457.) — F. J. CHILD, *Popular ballads*, 1. 232-233.

ai) Mataleena neito nuori   Palkin polki permannosta
Kauan se kotona kasvoi,   Hænen korkokengillænsæ,
Kauan kasvoi, kauas kuului,   Hirren kynnystæ kulutti
Tykœnæ hyvæn isænsæ,   Hænen hienohelmallansa,
Kanssa armahan emonsa.   Toisen hirren pæænsæ pææltæ

Hænen kultaruunullansa;
Rautaisen rahin kulutti
Astioita pestessænsæ,
Kulman pœyæstæ kulutti
Hopiapæællæ veitsellænsæ.
Matalcena neito nuori
Meni vettœ læhteheltæ,
Kultakiulunen kæessæ,
Kultakorva kiulusessa.
Katseli kuvan sioa :
« Ohoh, minua neito parka !
Pois on muoto muuttununna,
Kaunis karvani katonut;
Eipæ kiillæ rintakisko,
Eikæ hohta pææhopia,
Niinkun kiilti toiskesænæ,
Vielæ hohti mennæ vuonna. »
Kiesus paimenna pajussa,
Karjalaissa kaskimaissa,
Anoi vettæ juoaksensa :
« Annas vettæ juvakseni ! »
« Ei oo mulla astiata,
Eik' oo kannuni kotona; »
Pikarit pinona vieri,
Kannut halkona kalisi. »
« Pistæspæ pivosi tæysi,
Kahmalossa kanniskella ! »
« Mitæs puhut Suomen sulha,
Suomen sulha, maitten orja,
Isæni ikuinen paimen,
Ruotiruovoilla elænyt;
Kalanpæillæ kasvaellut,
Karjalaissa kaskimaissa ! »
«Siis mælienen Suomen sulha.
Suomen sulha, maitten orja,
Isæsi ikuinen paimen,
Ruotiruovoilla elænyt,
Kalanpæillæ kasvaellut,

Karjaláissa kaśkimaissa;
Ellen elkesi sanelen. »
« Sano kaikki, minkæ tieæt !
«Kussas kolme poikalastas?—
Yhen tuiskasit tulehen,
Toisen vetkasit vetehen,
Kolmannen kaivoit karkeeseen
Sen kun tuiskasit tulehen,
Siit' olis Ruotsissa ritari ;
Sen kun vetkasit vetehen,
Siit' olis herra tæællæ maalla ;
Sen kun kaivoit karkeesehen,
Siit' olis pæppi paras tullut. »
Matalcena neito nuori
Rupes vasta itkemææn,
Itki vettæ kiulun tæysi.
Kiesuksen jalat pesevi,
Hinksillansa kuivoavi :
« Itsepæ lienet Herra Kiesus,
Kun mun elkeni salenit !
Pane minua, Herra Kiesus,
Pane minua, minnes tahot,
Soihin, maihin portahiksi
Porttojen polettaviksi,
Jaloin pæællæ kæytævæksi !
Pane minua, Herra Kiesus,
Pane minua, minnes tahot,
Silloiksi meren selælle,
Lahopuiksi lainehille,
Joka tuulen turjotella,
Laajan lainehen laella !
Pane minua, Herra Kiesus,
Pane minua, minnes tahot,
Tunge hiiliksi tulehen,
Kekælciksi valkiahan,
Jokat ulen tuikutella,
Valkiaisen vaikulella ! »

Traduction. — Madeleine, la jeune fille, grandissait longtemps à la maison, grandissait longtemps, sa renommée était
grande, chez son bon père, — auprès de sa chère mère,

elle usait le plancher de ses souliers à talons; elle usait la poutre du seuil du bord de sa belle robe. — (Elle usait) les planches du plafond de sa couronne d'or; elle usait le banc de fer en lavant sa vaisselle; elle usait le coin de la table de son couteau à manche d'argent. Madeleine, la jeune fille, alla puiser de l'eau à la fontaine, (elle avait) un seau d'or à la main, le seau avait une anse d'or. — Elle regarda son image (dans la fontaine) : « Hélas! pauvre fille que je suis! Mes traits sont altérés, mon joli teint a disparu; L'ornement de mon corsage ne brille plus, — La parure d'argent n'étincelle plus sur ma tête, comme elle brillait l'été dernier, (comme) elle étincelait alors. » Jésus (vint) en berger dans le taillis, en Carélien dans les terres écobuées. — Il demanda de l'eau à boire : « Donne-moi de l'eau à boire! » « Je n'ai pas de vase, mes pots ne sont pas à la maison. » Il y en avait (cependant) des tas de verres, — Pots en bois empilés. « Remplis d'eau ta main, donne-m'en dans ta main! » Que dis-tu, toi, fiancé (de toutes les filles) de Suomi, fiancé de Suomi, esclave partout, — Berger perpétuel de mon père, qui t'es nourri d'arêtes, qui as grandi en mangeant des têtes de poissons, en Carélien dans les terres écobuées! » Soit, je veux être le fiancé de Suomi, — Le fiancé de Suomi, l'esclave partout, le berger perpétuel de ton père, qui s'est nourri d'arêtes, qui est grandi en mangeant des têtes de poisson, en Carélien dans les terres écobuées, — Si je ne sais pas dévoiler tes faits. » « Dis tout ce que tu sais! » « Où sont tes trois petits garçons? L'un tu l'as jeté dans le feu, le second tu l'as lancé dans l'eau, — Le troisième tu l'as enfoui. Celui que tu as jeté dans le feu, serait devenu chevalier en Suède; celui que tu as lancé dans l'eau, serait devenu seigneur en ce pays; — Celui que tu as enfoui serait devenu le meilleur prêtre. » Madeleine la jeune fille se mit à pleurer amèrement, elle remplit le seau de larmes, — Elle lava les pieds de Jésus, et les essuya de ses cheveux : « Tu dois être le Seigneur Jésus, car tu as su dévoiler mes faits! Fais de moi, Seigneur Jésus, — Fais de moi ce que tu veux, une passerelle sur un marais, pour être foulée aux pieds par les courtisanes, pour servir de marchepied aux marchands! Fais de moi, Seigneur Jésus, — Fais de moi ce que tu veux, un pont sur la mer, un bois pourri sur les vagues, pour être le jouet de tous les vents sur les grandes eaux! — Fais de moi, Seigneur Jésus, fais de moi ce que tu veux, un charbon

4

dans le feu, un tison dans le brasier, où les flammes me
brûlent, où les feux me tourmentent! »

Version finnoise publiée une première fois par C. A. GOTTLUND, *Otava*, 1832,
II, p. 9 et une seconde par E. LOENNROT, *Kanteletar*, III, nº 5. Je dois la traduction littérale ci-dessus à l'obligeance de M. ELIEL ASPELIN.

aj)   CONVERSION MARI-MADALEN

Var ton Guerz ar Gananeen.

MARTHA.

Madalen, savit eus ho qüele,
Da vont d'ar bredication :
Jesus a sermon hirie adare,
Clêvit-én gant attantion.
Bez en deus ur secret excelant
Da douch calon ar bec'herien,
Pa vent qer calet ha diamant,
O rento tom demeus a yen.

En em habillit gant dilijanç,
Gant aon na vec'h re divezat;
Tostait ountâ gant confianç,
Ha poezit e gomzou erfat.
Esper a meus e viot touchet
Qent ma finisso ar sermon,
Pe autramant eo ret lavaret
E zeo caledet ho calon.

MADALEN.

Va c'hoar Martha, me yèl d'e velet
Ha d'e glèvet en e sermon,
Evit ma contantîn ho speret,
Ha nonpas gant devotion.
Me am bezo ar guriosite
Da laqat eves pis outàn,
Evit ellout, goude qementse,
Rei ur güir rapport dioutàn.

JESUS.

Eur pastor mad a goll un dànvad,
En deveus eur c'heus bras dezi,
Hac a abandon ar vandennat
Evit mont da glasq anezi.

Me vel unan zo bet diànqet,
Hac a meus ur joa vras outi :
Me he laqai etoues va dénved,
Eus a lec'h ne ziànqo mui.

Ene superb, calon revoltet,
Evidout e teuàn da sermon ;
Me a meus da velet o tonet,
C'hoant a meus da douch da galon ;
Digor an nôr d'ar Speret-Santel,
Hac en em abandon dezàn,
Na zisclêryi pelloc'h ar brezel
D'ar graçou ac'h eus digantàn.

MADALEN.

Jesus, va Mestr ha va güir Autrou,
Va c'halon oc'h eus gonezet ;
Me rêi usach vad eus ho craçou
Pelloc'h en dra vezîn er bed.
Me ya da güittat va ornamanchou,
Va c'halon a zautàn mantret.
Adieu d'an oll gonpagnuneziou
Ha da guement a meus caret.

· MARTHA.

Petra eo eta, va c'hoar Mari ?
Honnes zo ur chenchamant pront !
Perac e teut d'en em desoli ?
Ha den en deus grêt dèc'h affront ?
Foula rit, evel pa vec'h follet,
Hoc'h oll ornamanchou caera,
Ha pa vezint ganeoc'h collet,
E rancot adare prena.

MADALEN.

Va c'hoar Martha, va list da ober,
Jesus en deus va gonezet,
En deus va laqeat en coler
Ouz ar pez zo caus d'am pec'het.
Me ne brenîn mui james biqen
Dillat eus a ur pris qer bras ;
Me zougo bremâ fris ha lien,
Ha nonpas satin na damas.

Ar c'horf-mâ, pini zo bet ornet
Gant dillajou caer ha traou all,
Ne vezo mui pelloc'h goloet
Nemet gant ar c'hos dillat fall.
An douçder en deveus bet santet
O touguen voulous ha satin
A vezo evit biqen chenchet
Ebar en tolliou disciplin.

MARTHA.

Ha possubl ve, c'hoar Madalen,
E pe bet ur seurt donèzon ?
Eur joa vrâs am bezo da viqen
Da peza galvet d'ar sermon.
Qê, red buan da vanqet Simon,
Ha lèz an dud da lavaret;
Gra offr da Jesus eus da galon
Dirac ar Pharisianet.

MADALEN.

Lavaret pepini a garo,
Me ne ràn fors eus an dra-ze;
Jesus am c'har ha me er c'haro,
Mestr eo dìn ha d'am bolonte.
Me voelc'ho e dreid gant va daelou,
A zirac Simon hac e dud,
Hac a rai goap eus o sansurou,
Hep.mez nac aon rac o goal vrud.

Va daoulagad, roet oc'h eus daelou
Da voëlc'hi treid va medecin,
Ha c'houi, va c'halon, huanadou,
Petra benac ma ven indign.
Va memor, o pet sonch anezâ
E pep heur hac e pep momet ;
Va bolonte, tommit diountâ,
Na scuizit qet ouz e garet.

AR PHARISIAN.

Ma ve an den-mâ eur.güir brofet,
E guis ma lavar sur e zeo,
Ne lesfe qet ur plac'h debordet
Da sec'hi e dreid gant he blèo,

Na ne lesfe qet tostât ountâ,
Ne rafe qet stad anezi;
Mes donet a rafe d'e c'hanna,
Ha d'e chasseal eus an ti.

Ne deus ouz e dreid frottet ongant
Nemet gant dessign d'e laqat
D'e c'haret ha da veza contant,
D'ober anezi bepret stat;
Rac eviti da scuilla daëlou,
Daëlou tromplus eo ar re-ze,
A elfe servichout da laçou
Da drompla an nep na sonchfe.

JESUS.

Simon, n'anavez mui ar vreg-mâ;
Ne deo mui evel ma zeo bet;
Ur galon bur e deveus bremâ,
Renoncet e deveus d'ar bed.
Desqi a ra d'an oll o dever,
Ha memes dide da guenta :
Qemer-hi evit ur millouer,
Deus da ober ar memes tra.

Ne sonch qet did e ve criminel
Ar garantez e deus ouzîn;
Comzet e vezo em Aviel
Eus a guement vad a ra dîn :
E c'hrimou zo dezi pardonet
Abalamour d'e c'harantez,
Hac abalamour ma zeo fachet
Da veza grèt fallagriez.

Qè, greg, en peoc'h, en paciantet,
Da feiz en deus da c'hrêt salo;
Pardonet eus dit meur a bec'het,
Bez fidel betec ar maro.
Publi, en despet d'ar Judevien,
Penaos ec'h eus cavet moyen
Da veza did da grim pardonet
Gant Doue, ar Mestr souveren.

MADALEN.

Ah ! permetit d'ho servicheres
Da chom bepret en ho presanç,

Rac aon na ve qer maleuruses
D'oc'h offanci dre inconstanç ;
Nac vit ma voezo ar Judevien
N'en deus caus da gonversion
Eus ar bec'heres vras Madalen
Nemet ho conversation.

MARTHA.

Autrou, n'hon eus biscoas meritet
D'ho receo ebars en hon ti,
Rac se n'oun qet penos e priset
Dont da renta bisit deomp-ni.
Commancet co bet ar Judevien
Da barlant ha da vurmuri
Abalamour d'am c'hoar Madalen
Dre m'oc'h eus estim eviti.

JESUS.

Hervez o goal inclination
E teu'r Judevien da juji
Ha dre ur speret' ambition
E fell dezo va sansuri.
Ha ne ouzont qet ar medecin
A lêz an dud o deus yec'het
Evit rei d'ar re a zo infirm
Soulajamant en o c'hlènvet.

Eus a ene Mari-Madalen
Me meus chasseet seiz clénvet,
Hep n'oar nicun eus ar Judevien
Pe fècon e meus-int casset.
Ennòn e laqas e c'honfianç,
Ar pez zo caus eus e yec'het ;
Ma na vez er medecin fizianç,
E zeo dies bras caout remed.

MADALEN.

Autrou, poc'h eus bet ar vadelez
Da zonet d'hon ti d'hor güclet,
E zeo just deomp-ni ar joa discuez
Hon eus ouz ho tiguemeret ;
Mes grit d'am c'hoar Mari labourat,
Ne ra nemet ho gontempli ;

Livirit dezi n'en deo qet mat
Chom bepret da feneanti.

JESUS.

Lest Madalen bepred em presanç ;
Beza meus outi carantez ;
Me estim e repos, e silanç,
Calz mui eguet ar pez a rez :
Hi e deveus grêt ar choas güella,
Ha den n'em lamo diganti :
Neus nemet un affer er bed-mâ
Necesser da effectui.

MADALEN.

Va Doue, va Mestr, va c'harantez,
Penos eta rîn-me bremâ ?
Grit ma varvîn ganêc'h assambles,
Ha va zennit eus ar bed-mâ.
Pa ho qüelàn er groas o souffri,
N'ellàn qet miret da vouela,
Ha p'o qüelàn en oc'h angoni,
E teu va c'halon da ranna.

JESUS.

En em gonsol, greg carantezus,
Me zalc'ho did fidelite,
Ne vezo qet collet did Jesus,
Dont a rai da caout adare.
Destum pis ar goad a meus scuillet
Var an douar ebars ar groas,
Ha deus bepret alo d'am c'haret,
Da recompanç a vezo bras.

MADALEN.

Maro eo Jesus! petra rîn-me ?
Bourrevien, c'houi a zo cruel !
Da viana, va lazit ive,
Douç è dîn gant Jesus mervel.
Va daoulagad, deut da rei daëlou,
Va c'halon, deut d'en em ranna,
Ha grit qement demeus a ganvou
Ma zîn souden eus ar bed-mâ.

Adieu d'am oll laouenidiguez,
Pa zeo maro Jesus bremâ,
Ne velàn nemet tristidiguez ;
E zer da vont d'e liena :
Deomp eta, ò va c'hoarezet,
Gant o Vam d'an antêramant ;
N'en deo qet just e ve dilezet
Pa e deus brassa nec'hamant.

Eus ar sizun an devez qenta
E zimp mintin de vit Jesus,
Evit ma ellimp laqat ountâ
Demeus an ongant precius ;
Mes piou hon sicouro da lamet
Ar men bez a zo ponner bras ?
Ouspen e zeus laqet soudardet
Var e dro da zioual ar plaç.

Me vel penaus ar men zo ruillet
Dor ar bez ma edo Jesus,
Ouspen em eus aon ve transportet
E gorf gant tud malicius :
Ha qement a meus a nec'hamant
N'on petra a meus da ober,
Pe me dle chom amàn paciant,
Pe mont de glasq dre ar c'harter.

DAOU ÆL.

Petra c'hoarvez dèc'h, greg desolet ?
Ha den en deus grêt dèc'h anui ?
Livirit perac oc'h afflijet,
Ha ni a deui d'ho soulaji.
Arrêtit un nebeudic amâ,
Contit ar sujet ho clac'har,
Ha ni ho sicouro a vremâ,
Mar gallomp, eus hon oll pouvoar.

MADALEN.

Me meus sujet d'en em desoli ;
Collet e meus va madou oll,
Ha n'oufe den dont d'am soulaji,
Na d'am c'honsoli eus va c'holl,
Nemet reï rafet dîn va Zalver,
P'ini zo diganén lamet :

Me yèl partout dre bep seurt amzer
Qen n'em bezo en rancontret.

Petra zo grêt a gorf va Zalver ?
Deut oan en esper e velet :
Livirit dìn eta, Jardiner,
Ha c'houi oc'h eus-én transportet ?
Deut oun da lacât ongant ountâ ;
Mar oc'h eus nep truez ouzîn,
Livirit dìn p'en andret e mâ,
M'en liqìn elec'h m'er c'hivìn.

JESUS.

Va mignones Mari-Madalen,
N'am c'hlasq mui : chede me amâ ;
En em denn ha pella diouzîn,
Ne dlees qet touch ouzîn bremâ :
Did oun en em disquezet qentâ,
Evel ma oun deut eus ar bez ;
Ne allàn qet dont da resista
Ouz nep am c'hlasq dre garantez.

Qè d'avertissa va zisqibien
Penos e zòn ressuscitet,
En despet gardou ar Judevien,
.Pere voa laqet d'am miret,
Ha na chom qet hep avertissa
Ar paour qès Pêr oll desolet :
Evit me beza nac'het ganta,
E fot zo dezàn pardonet.

AR JUDEVIEN.

Antret, Lazar, Martha, Madalen,
Er vag-mâ gant oll dud ho ti,
Evit na sortiot birviqen
En buez, ermès anezi ;
Ha c'houi, Joseph, deut enni ivez
Assambles gant ho consortet,
C'hoant hon eus e colfec'h ho puez
Hac e vec'h gant ar môr lonqet.

LAZAR.

Unan ac'hanomp, eme Lazar,
Zo gant Jesus ressucitet ;

Esper a meus e zaïmp d'an douar
Hep na vezo nicun beuzet ;
Va c'hoarezet Martha, Madalen,
Na gollomp qet a esperanç ;
Goechal e sònjac'h penaus biqen
N'em gueljac'h mui en ho presanç.

MADALEN.

Chetu-ni e Marseill arruet ;
Va breur Lazar, sermon ar Feiz,
Ha me ya da glasq ur plaç secret
Da pedi Doue nos ha deiz.
En un dezert e fell dîn beva,
Pel diouz pep seurt compagnunez,
Evit ma ellìn liproc'h güela
Qeit a ma chomîn en buez.

PINIGEN MARI-MADALEN EN DEZERT.

AR PEC'HER.

Dezert leun eus a bep seurt rigol,
Hac a bep seurt tristidiguez ;
Chenchit eta lod eus hoc'h horol
Ebars e laouenidiguez ;
Ne velàn nemet pep seurt anqen,
Pep seurt poan ha pep seurt tourmant
Preparet evit ar Vadalen,
Ne gredàn qet e ve contant.

MADALEN.

An dezert e pehini e don
N'en deveus qet re a c'hrisder ;
Er c'hontrol ê, n'en deus evidòn
Nemet memes re a zouçder :
Va c'harantez ê, pa em angach,
Da chom ebars en ur groten,
Rac ar galon zo bet re volach
A dle caret ar binigen.

AN ÆL.

Me zo digasset amâ presant
Abers nep a garit muya,

Dre ma oc'h eus calz a nec'hamant,
E defaut ur plaç da ouela;
Me ho casso da ur plaç secret,
Ma viot qement a gostez,
Ma ellot qemesq gant ho regret
An daelou eus ar garantez.

AR PEC'HER.

Livirit, penitantes charmant,
Petra en eus oc'h oblijet
Da zouffr qement all eus a dourmant
Var ho corf, ha var ho speret?
Rac qement ho cuel hac hoc'h ene
A zo ganêc'h oll estonet,
Ha pa ho remerqont er guis-se,
E sònjont oll e zoc'h follet.

MADALEN.

Pe me zo vil, pe me zo charmant,
Qementse n'eo qet hoc'h affer;
Mes va c'halon en em gav contant,
Pa ze güir e plich d'am Zalver;
Ha c'houi ive, mar doc'h güir gristen,
Ha mar d'è ho calon touchet,
Sellit hepqen ouz va finigen,
Ha list a gostez va guenet.

AR PEC'HER.

Pelec'h emâ ho servicherien?
Ne velàn nicun var ho tro;
Perac e renoncit d'ar voyen
Abars ma zeo deut ar maro?
Renoncet oc'h eus da ur pales,
D'ar joa ha d'ar gontantamant,
Eguis ma vijac'h innoçantes,
Ha dibourvezet a sqiant.

MADALEN.

Me a meus renoncet d'ar voyen
Ha d'an hano deus a vestres,
Ha ne meus mui a servicherien,
Ne meus na maner, na pales;

Qemeret a ràn eus a vremàn
An hano a servicheres,
Ha c'hoas evurus en em gavàn
Mar em bez lod gant an ælez.

AR PEC'HER.

Ar musq, ar ros hac an oll fleuriou ;
Ar bom assambles gant an ambr,
Ne santont qet a voëlloc'h c'hoeziou
Eguet ma santet en ho campr ;
Ouspen, pa zoa ganêc'h parfumet,
Ha c'hoas ornet gant tapissou,
Hac er groten-mâ n'aller guelet
Nemet qenvit ouz mogueriou.

MADALEN.

Ne gredàn qet e cafet ur c'hraou
A sante ar c'hoeziou mat-se,
Ha gouscoude Mestr an oll madou
A choasâs ur c'hraou da vele,
Ha n'en doa qet a dapissiri,
Nemet hepqen, foen ha colo,
Hac un nebeudic lianennou,
Pourveet gant e vam d'e c'holo.

Ar PEC'HER.

Guechal o pije compagnunez,
Hac e carac'h beza guelet,
Hac ho prassa laouenidiguez
Voa guelet dont d'ho tarempret,
Ne garac'h qet en em gaptiva
Da chom oc'h-unan en ho ti :
Penos e c'hellit-hu chom amâ,
Pa na zeu den d'ho frecanti ?

MADALEN.

Mar e meus caret compagnunez,
Bremâ me zetest anezo,
Ha va brassa laouenidiguez
Eo beza pellet diouto :
Me ameus qemeret ur pried
A chom ganén bepret amâ,
Ha n'ouffe den dont d'am darempret
Anez dont d'e zizoblija.

AR PEC'HER.

C'houi a lavar o c'heus ur pried,
Ha ne bella qet diouzoc'h ;
Gant qementse m'en em gav souezet
Rac n'er güelàn qet ganeoc'h.
Nemet dessign ho pe d'am zrompla,
Ha rei dîn comzou da gredi :
Livirit dîn p'en andret e mà,
Evit donet d'am c'hontanti.

MADALEN.

Ar pried a meus a zo amà
Hac e lec'h all oll assambles ;
Me ne fell qet dîn dont d'ho trompla,
Mes lavarat ar virionez.
Va c'halon en deveus possedet,
Ha fidel e vezîn dezàn,
Na james ne vezîn ur momet
N'am bezo sonch eus anezàn.

AR PEC'HER.

Diroji a rit d'ho qualite,
Ha chagrina qement ho car :
Ne ranqer qet gouela qementse
Evit mont ur veach d'ar gloar.
Pelec'h e velit-hu ordrenet
Rei qement demeus a zaëlou
Evit hor pec'hejou tremenet ?
Offansi a rit an Autrou.

MADALEN.

Me ne don nemet ur bec'heres,
Hac a zeu d'oc'h avertissa,
Mar oc'h eus c'hoant da veza eürus,
Sònjit d'en em gonvertissa ;
Pa zeo güir nemet dre ar souffranç
Ne allomp pretanti repos,
Eo ret dont da ober violanç
Evit antren er Barados.

AR PEC'HER.

Ne qet ret deoc'h beza qer presse
Da zouffr ur'binigen garo ;
Re abret oc'h eus-y commancet,
List ma vezo tost d'ar maro,
Qemer a ellit c'hoas hoc'h amzer
Ha dont d'en em rejouissa,
En ur moment ec'h ellomp ober
Hor silvidiguez er bed-mâ.

MADALEN.

N'ellomp james beza re bresset
Da repari hor pec'hejou,
Lies hini zo en em dromplet
O credi ur seurt rèsoniou.
Nep piou benac a ra er guis-se,
Hac a zifer betec ar fin,
En em rent dign a goler Doue,
Hac eus a bep faveur indign.

AR PEC'HER.

Ne remerqer mui var ho pizach
Al liou qer vif ha qer brillant,
Na veler mui en ho taoulagad
Nemet ur regret languissant ;
Ouspen e zint cazimant beuzet
Mar o list hep o soulaji,
En bèr amzer e viot souezet
Pa na servichint deoc'h mui.

MADALEN.

Va frofit ve, nonpas un domach,
Em be collet va oll guelet,
Pa na velfen birviqen james,
N'em bezo morse a regret.
Nep piou benac a ra goal usach
Eus ar mad en deus recevet,
En em laqa ebars en angach
Da ober pinijen galet.

AR PEC'HER.

Na tom na yen n'en deveus noazet,
Na grèt d'ho qenet nep domach ;
Ardeur an eol n'en deus qet poazet.
Nac ho taouarn nac ho pizach :
Ur parasol hac un evantail,
Ur mascl hac ur re vanegou
O pije bepret en apareil,
Evit conservi ho liou.

MADALEN.

Pa zeu dîn memor a guementse,
N'allàn qet miret da ruziàn
Gant mez o velet ar vanite
A galz a dud eus ar bed-màn ;
Ar Verc'hes hac he mab, va Zalver,
O tec'hel aroc an tyrant,
A anduras rigol an amzer ;
Hep caouet nep soulajamant.

AR PEC'HER.

Guechal e teuac'h d'en em admira ;
Ma velac'h ar sqeut ho pisach,
Ma selfac'h er mezellour bremà,
N'en em anafac'h davantach :
Dre ar rigol eus ho pinijen
Oc'h eus en laqet da sec'ha,
Eguis an delliou eus ar vezen
Pa zeuont o-unan da gueza.

MADALEN.

Me ne meus qet affer davantach
Da sellet er mezellerou ;
N'è quet ar guenet eus va bisach
A fell d'am Mestr ha d'am Autrou ;
Va c'halon en deveus goulennet
Ha roet e meus-en dezà,
Mes n'er c'haffe james preparet
Nemet souffr a rafen da guenta.

Evit mellezour m'emeus choaset
Va Jesus staguet ouz ar groas,
Pini, siouas ! a meus offancet
Dre bec'hejou hac a zo bras ;
Dre ma voan guechal bet qer volach
Da denna gloar eus va guenet,
Mes Doue am miro davantach
Na guezîn en ur seurt pec'het.

AR PEC'HER.

Ar blèo caër-se pere a zouguit,
Ne servichont dèc'h da netra,
Na ne zigassint dèc'h nep profit,
Nemet dònt a rafec'h d'o güerza ;
Me vel e zint dija neglijet,
Noc'h eus anezo nep sourci,
Ha gouscoude o deveus plijet
En amzer ma teuac'h d'o soigni.

MADALEN.

Va blèo ameus atao conservet,
Hac a rîn epad ve buez ;
Mar o deus servichet d'am pec'het,
D'am pinigen e raint ivez ;
Gant ur parfum sacr int parfumet,
Hac en deus ur c'huez excelant,
Ne ouffen james o dioüeret
Nac evit aour nac evit arc'hant.

AR PEC'HER.

Pelec'h oc'h eus laqet ho perlez,
Bizeyer, carcan, rubanou ?
Habillet oc'h eguis ur baouerez,
Ne defe qet eus a vadou ;
Rac ne velàn bremàn semplamant
Nemet cos dillat var ho tro,
Ha noc'h eus qen evit ornamant
Nemet blèo ho penn d'ho colo.

MADALEN.

Me meus renoncet d'an oll perlez,
D'am bizeyer ha rubanou,

Evit beza güir servicheres
Da vestr an oll berlezennou,
Nonpas ma ve pec'het o douguen,
Mar grêr uzach vad anezo;
Mes siouas dìn, Mari-Madalen,
Offancet ameus Doue dreizo.

AR PEC'HER.

N'oc'h eus qet ur güele da gousqet
Hac a ve diouz ho merit :
Ho corf tener zo var ar c'halet,
Me meus aon n'en em abregit.
Guechal e couscac'h var ar c'hoton,
Ha bremâ edoc'h var ar men :
Ma na guirit chench eus a fèçon,
Edoc'h dija prest da dremen.

MADALEN.

Me a zo en em digustumet
Diouz güeleou coton ha plun,
Hac emâ a sonjit zo calet,
A gavàn re douç ha re eun.
Evit plijout d'am muia-ceret,
Eo ret dìn dont d'e imita ;
Cousqet en deveus var ar c'halet,
Ha me rei ivez eveltâ.

AR PEC'HER.

Pelec'h ma an amzer dremenet,
M'o pije a bep seurt boejou ?
Ha bremâ n'o cueler servichet
Nemet a varà ha louzou :
Ha n'oc'h eus evit hoc'h oll breuvach
Nemet hepqen dour da eva,
Elec'h m'o pije vit hoc'h usach
Demeus al liqeuriou guella.

MADALEN.

Va Zalver en deveus bet yunet
Abalamour d'hor pec'hejou,
Ha ni en em gav importunet
Oc'h imita e exemplou.

Ur c'horf zo maguet dre licheri
Ne zent james eus ar rèson,
Hac e zeo ret dont d'en em dompti
Dre ar yun hac an orèson.

AR PEC'HER.

En divertissamanchou public,
Er bal, en danç, en opera,
O vout da glêvet cana'r musiq,
E teuac'h d'en em divertissa ;
Eus ho pemp sqianchou naturel
O pije pep seurt plijadur,
Hac e zoc'h deut bremâ qer cruel,
N'accordit netra d'an natur.

MADALEN.

An divertissamanchou public
A zeue da noazout d'am ene,
Rac eus a chast e teuont lubric,
Peb den zo daonet dre'n hent-se.
Comedi, bal, danç hac an theatr
A zeu da chench speret an den,
Hac a rent ive memes idolatr,
Siouas ! calz a grouadurien.

AR PEC'HER.

N'o clèver qet o cana soniou
Evit en em divertissa,
Ha ne sorti mui eus ho qenou
Nemet comzou ar santela ;
Ouspen, lèzet oc'h eus an dançou,
Elec'h m'ho poa plijadurez,
Evit gallout rei huanadou
En ur plaç a dristidigues.

MADALEN.

Va zeot mar e deus va servichet
Evit meuli an aërouant,
Me viro en amzer da zonet
Ne vezo sur qen insolant.
Ar bal, an danç hac an nosveziou,
Va Doue, c'houi a voar en oll,

Ma na rafen pinijen anezo,
A rafe dìn monet da goll.

AR PEC'HER CONVERTISSET.

Goude qement a meus lavaret,
O sònjal ho pervertissâ,
Me vel e zòn ganêc'h gonezet,
Va c'halon n'ell mui resista ;
Contraign on da chench eus a gomzou
Ha da garout ar binijen ;
Me ziscuezo dre va oberiou
Penos e zoun chenchet a gren.

Ha cavet e ve ur femelen
A guer cre resolution,
Eguis ma zeo Mari-Madalen ?
C'houi zo penitantes guirion.
Graçou bras oc'h eus digant Jesus,
Recevet oc'h eus ar voyen
Da renta ar bed, ar c'hiq confus,
Satan hac e servicherrien.

Me a meus qemeret calz a boan,
Ha ne meus netra gonezet,
Da servicha piou ? nemet Satan !
Eur vez eo dìn e lavaret :
Ha me a voa deputet gantàn
Da zont d'ho tenti, Madalen,
Ha c'houi zo bet trec'h dìn ha dezàn
Ar pez ne gredjen birviqen.

MARTHA.

Na servichit james mui biqen
Ur mestr hac a zo un tirant ;
Sulvui e servichit e lezen,
Sulvui e reï deoc'h a dourmant ;
Qemerit Jesus da gabiten,
Hac en em anrolit gantâ,
Ha mar dòn-me Mari-Madalen,
En em gontantit anezâ.

Traduction. — LA CONVERSION DE MARIE-MADELEINE.

Sur l'air du *Guerz* (breton) de la Cananéenne.

MARTHE.

1. — Madeleine, levez-vous de votre lit pour aller au sermon ; Jésus prêche aujourd'hui encore ; entendez-le avec attention. Il a un secret excellent pour toucher le cœur des pécheurs ; quand ils seraient aussi durs que du diamant, il les rendra chauds, de froids (qu'ils étaient).

2. — Habillez-vous avec diligence, de peur que vous ne soyez en retard ; approchez de lui avec confiance, et pesez bien ses paroles. J'ai l'espoir que vous serez touchée avant que finisse le sermon, ou bien il faut dire que votre cœur est endurci.

MADELEINE.

3. — Ma sœur Marthe, j'irai le voir et l'entendre, à son sermon, pour contenter votre esprit, et non pas par dévotion ; j'aurai la curiosité de l'observer soigneusement pour pouvoir après cela faire sur lui un rapport fidèle.

JÉSUS.

4. — Un bon pasteur qui perd une brebis en a un grand regret, et il abandonne le troupeau pour aller la chercher. J'en vois une qui a été égarée, et elle me fait bien de la joie : je la mettrai parmi mes brebis, là d'où elle ne s'égarera plus.

5. — Ame superbe, cœur révolté, c'est pour toi que je viens prêcher ; je t'ai vue venir, j'ai envie de toucher ton cœur ; ouvre la porte au Saint-Esprit, et abandonne-toi à lui ; ne déclare plus la guerre aux grâces que tu reçois de lui.

MADELEINE.

6. — Jésus, mon Maître et mon vrai Seigneur, vous avez gagné mon cœur ; je ferai bon usage de vos grâces désormais, tant que je serai au monde. Je vais quitter mes parures ; je sens mon cœur navré. Adieu à toutes les sociétés, et à tout ce que j'ai aimé.

MARTHE.

7. — Qu'est-ce donc, ma sœur Marie ? voilà un changement rapide ! pourquoi êtes-vous à vous désoler ? est-ce qu'on vous

a fait affront ! vous foulez, comme si vous étiez insensée, toutes vos plus belles parures, et quand vous les aurez perdues il vous faudra encore en acheter.

MADELEINE.

8. — Ma sœur Marthe, laissez-moi faire : Jésus m'a gagnée, il m'a mise en colère contre ce qui est cause de mon péché. Je n'achèterai plus, jamais de la vie, de vêtements d'un si grand prix ; je porterai maintenant de la frise et de la toile et non du satin ni du damas.

9. — Ce corps, qui a été paré de beaux habits et d'autres ornements, ne sera plus désormais couvert que de vieux vêtements mauvais. La douceur qu'il a sentie en portant du velours et du satin sera pour toujours changée en coups de discipline.

MARTHE.

10. — Serait-ce possible, sœur Madeleine, que tu aies eu une telle grâce ? j'aurai une grande joie, à jamais, de t'avoir appelée au sermon. Va, cours vite au banquet de Simon et laisse dire les gens ; fais à Jésus l'offre de ton cœur devant les Pharisiens.

MADELEINE.

11. — Que chacun dise ce qu'il voudra, je ne me soucie pas de cela ; Jésus m'aime et je l'aimerai, il est maître de moi et de ma volonté. Je laverai ses pieds de mes larmes, devant Simon et ses gens, et me moquerai de leurs censures, sans honte ni peur du mauvais renom qu'ils me feront.

12. — Mes yeux, vous avez donné des larmes pour laver les pieds de mon médecin ; et vous, mon cœur, des soupirs, quoique je sois indigne. Ma mémoire, souvenez-vous de lui à toute heure et à tout moment ; ma volonté, enflammez-vous pour lui ; ne vous lassez pas de l'aimer.

LE PHARISIEN.

13. — Si cet homme était un vrai prophète, comme il assure qu'il l'est, il ne laisserait pas une fille débordée essuyer ses pieds avec ses cheveux ; il ne la laisserait pas approcher de lui, il ne ferait point cas d'elle ; mais il se mettrait à la battre et à la chasser de la maison.

14. — Elle n'a frotté d'onguent ses pieds qu'avec le dessein de faire qu'il l'aime, et qu'il consente à faire toujours cas d'elle ; car bien qu'elle verse des larmes, ce sont là des larmes trompeuses, qui pourraient servir de filets pour tromper celui qui n'y songerait pas.

JÉSUS.

15. — Simon, tu ne connais plus cette femme ; elle n'est plus telle qu'elle a été, elle a maintenant un cœur pur, elle a renoncé au monde ! elle enseigne à tous leur devoir, et même à toi le premier : prends la pour un miroir, et fais comme elle.

16. — Ne crois pas qu'il soit criminel, l'amour qu'elle a pour moi ; on parlera dans mon Évangile de tout le bien qu'elle me fait : Ses crimes lui sont pardonnés à cause de son amour et parce qu'elle est fâchée d'avoir fait le mal.

17. — Va, femme, en paix, en patience, ta foi t'a sauvée ; il t'est pardonné plusieurs péchés, sois fidèle jusqu'à la mort. Publie, en dépit des Juifs, que tu as trouvé moyen d'avoir le pardon de ton crime de la part de Dieu, le Maître souverain.

MADELEINE.

18. — Ah ! permettez à votre servante de demeurer toujours en votre présence, de peur qu'elle ne soit assez malheureuse pour vous offenser, par inconstance ; et pour que les Juifs sachent qu'il n'y a d'autre cause à la conversion de la grande pécheresse Madeleine, que votre parole.

MARTHE.

19. — Seigneur, nous n'avons jamais mérité de vous recevoir dans notre maison, aussi je ne sais comment vous daignez venir nous rendre visite. Les Juifs ont commencé à parler et à murmurer à cause de ma sœur Madeleine parce que vous avez de l'estime pour elle.

JÉSUS.

20. — C'est d'après leur mauvais penchant que les Juifs se mettent à juger et par un esprit d'ambition ils veulent me censurer. Ne savent-ils pas que le médecin laisse les gens qui ont la santé pour donner à ceux qui sont infirmes du soulagement dans leur maladie ?

21. — De l'âme de Marie-Madeleine j'ai chassé sept maladies, sans qu'aucun des Juifs sache de quelle façon je les ai chassées. En moi elle mit sa confiance, c'est là la cause de sa guérison : si l'on ne se fie pas au médecin il est bien difficile de se rétablir.

MARTHE (1).

22. — Seigneur, puisque vous avez eu la bonté de venir chez nous nous voir, il est juste que nous témoignions la joie que nous avons à vous recevoir : mais dites à ma sœur Marie de travailler, elle ne fait que vous contempler ; dites-lui qu'il n'est pas bon de rester toujours à fainéanter.

JÉSUS.

23. — Laissez Madeleine toujours en ma présence, j'ai de l'amour pour elle, j'estime son repos, son silence beaucoup plus que ce que tu fais : elle a fait le meilleur choix, et personne ne le lui enlèvera ; il n'y a en ce monde qu'une affaire nécessaire, à régler.

MADELEINE.

24. — Mon Dieu, mon Maître, mon amour, que ferai-je donc à présent ? faites que je meure en même temps que vous et tirez-moi de ce monde. Quand je vous vois souffrir en croix, je ne puis m'empêcher de pleurer, et quand je vous vois à l'agonie, mon cœur se brise.

JÉSUS.

25. — Console-toi, femme aimante, je te tiendrai fidélité ; Jésus ne sera pas perdu pour toi, il viendra te trouver encore. Recueille avec soin le sang que j'ai répandu sur la terre, de la croix ; et continue toujours à m'aimer, ta récompense sera grande.

MADELEINE.

26. — Jésus est mort ! que ferai-je ? bourreaux, vous êtes cruels ! du moins tuez-moi aussi, il m'est doux de mourir avec Jésus. Mes yeux, versez des pleurs, mon cœur, brise-toi ; et faites tant de deuil que je parte à l'instant de ce monde.

27. — Adieu à toute ma joie, puisque Jésus est mort à présent, je ne vois que tristesse ; on va aller l'ensevelir :

(1) Mes deux textes portent ici par erreur : *Madalen* (Madeleine).

venons donc, ô mes sœurs, avec sa mère à l'enterrement; il n'est pas juste qu'elle soit délaissée lorsqu'elle a le plus de chagrin.

28. — Le premier jour de la semaine nous irons le matin vers Jésus pour que nous puissions l'enduire d'un onguent précieux; mais qui nous aidera à enlever la pierre tombale, qui est fort lourde? de plus, on a mis des soldats autour, pour garder la place.

29. — Je vois qu'on a roulé la pierre, la porte de la tombe où était Jésus; j'ai peur aussi que son corps n'ait été transporté par des gens méchants; et j'ai tant de souci que je ne sais ce que j'ai à faire, si je dois rester ici patiemment ou aller le chercher par le quartier.

Deux anges.

30. — Qu'est-ce que vous avez, femme désolée? vous a-t-on fait de l'ennui? dites pourquoi vous êtes affligée, et nous vous soulagerons. Arrêtez un petit peu ici, contez le sujet de votre douleur, et nous allons vous aider si nous pouvons, de tout notre pouvoir.

Madeleine.

31. — J'ai sujet de me désoler; j'ai perdu tous mes biens, et personne ne saurait me soulager ni me consoler de ma perte, à moins que vous ne me donniez mon Sauveur, qui m'a été enlevé : j'irai partout, par n'importe quel temps, jusqu'à ce que je l'aie rencontré.

32. — Qu'a-t-on fait du corps de mon Sauveur? j'étais venue dans l'intention de le voir; dites-moi donc, jardinier, si vous l'avez transporté? je suis venu l'enduire d'onguent, si vous avez quelque pitié de moi dites-moi où il est, que je le mette là où je le trouverai.

Jésus.

33. — Mon amie Marie-Madeleine, ne me cherche plus : me voici; retire-toi et éloigne-toi de moi, tu ne dois pas me toucher maintenant : c'est à toi que je me suis montré d'abord comme je suis sorti de la tombe; je ne puis pas résister à celui qui me cherche par amour.

34. — Va avertir mes disciples que je suis ressuscité en dépit des gardes des Juifs qui étaient mis (là) pour me retenir,

et ne manque pas d'avertir le pauvre cher Pierre (qui est) tout désolé : quoique j'aie été renié par lui, sa faute lui est pardonnée.

LES JUIFS.

35. — Entrez, Lazare, Marthe, Madeleine, dans ce bateau avec tous les gens de votre maison, pour que vous n'en sortiez jamais en vie ; et vous, Joseph, entrez-y aussi avec vos amis ; nous avons envie que vous perdiez la vie et que vous soyez engloutis par la mer.

LAZARE.

36. — L'un de nous, dit Lazare, a été ressuscité par Jésus ; j'ai l'espoir que nous aborderons la terre sans que personne soit noyé ; mes sœurs Marthe, Madeleine, ne perdons pas l'espérance : autrefois vous pensiez que jamais vous ne me verriez plus devant vous.

MADELEINE.

37. — Nous voici arrivés à Marseille ; mon frère Lazare, prêche la foi, et je vais chercher un endroit retiré pour prier Dieu nuit et jour. Dans un désert je veux vivre, loin de toute espèce de société, pour pouvoir plus librement pleurer tant que je resterai en vie.

Pénitence de Marie-Madeleine dans le désert.

LE PÉCHEUR.

38. — Désert plein de toute sorte de rigueur et de toute sorte de tristesse, changez donc une partie de votre horreur en joie : je ne vois que toute sorte d'angoisse, toute sorte de peine et toute sorte de tourment préparés pour la Madeleine, je ne pense pas qu'elle soit contente.

MADELEINE.

39. — Le désert où je suis n'a pas trop de cruauté : au contraire, il n'a pour moi que trop même de douceur ; c'est mon amour, puisqu'il m'engage à rester dans une grotte, car le cœur qui a été trop léger doit aimer la pénitence.

L'ANGE.

40. — Je suis envoyé ici présentement de la part de celui que vous aimez le plus parce que vous avez beaucoup de

souci faute d'un endroit pour pleurer : je vous mènerai à un lieu secret où vous serez si retirée que vous pourrez mêler à votre repentir les larmes de l'amour.

LE PÉCHEUR.

41. — Dites, charmante pénitente, qu'est-ce qui vous a obligée à souffrir tant de tourment dans votre corps et dans votre esprit ? car tous ceux qui vous voient et qui vous connaissent sont bien étonnés à votre sujet, et quand ils vous observent ainsi ils pensent unanimement que vous êtes folle.

MADELEINE.

42. — Que je sois laide, que je sois charmante, cela n'est pas votre affaire ; mais mon cœur se trouve content, puisqu'il plaît à mon Sauveur ; et vous aussi, si vous êtes bon chrétien, et si votre cœur est touché, ne regardez que ma pénitence, et laissez de côté ma beauté.

LE PÉCHEUR.

43. — Où sont vos serviteurs ? je n'en vois aucun près de vous. Pourquoi renoncez-vous à la fortune avant que soit venue la mort ? vous avez renoncé à un palais, à la joie et au plaisir, comme si vous étiez sotte et dépourvue de jugement.

MADELEINE.

44. — J'ai renoncé à la fortune et au nom de maîtresse, et je n'ai plus de serviteurs, je n'ai ni manoir ni palais ; je prends désormais le nom de servante, et encore me trouvè-je heureuse, si j'ai mon lot avec les anges.

LE PÉCHEUR.

45. — Le musc, la rose et toutes les fleurs, le baume avec l'ambre n'ont pas de meilleures odeurs qu'on n'en sentait dans votre chambre ; outre qu'elle était parfumée de votre présence, et encore ornée de tapis ; mais en cette grotte on ne peut voir que des araignées contre les murs.

MADELEINE.

46. — Je ne crois pas qu'on puisse trouver une étable qui sente ces bonnes odeurs, et pourtant le maître de tous les biens a choisi une étable pour lit ; et elle n'avait pas de tapis,

mais seulement du foin et de la paille, et quelque peu de linges que sa mère s'était procurés pour le couvrir.

Le Pécheur.

47. — Autrefois vous aviez de la compagnie et vous aimiez à être vue, et votre plus grande joie était de voir qu'on vînt vous visiter. Vous ne vouliez pas vous assujettir à rester seule chez vous ; comment pouvez-vous rester ici, puisque personne ne vient vous fréquenter ?

Madeleine.

48. — Si j'ai aimé la compagnie, maintenant je la déteste, et ma plus grande joie est d'en être éloignée : j'ai pris un époux qui reste avec moi toujours ici, et personne ne pourrait venir me visiter sans le désobliger.

Le Pécheur.

49. — Vous dites que vous avez un époux qui ne s'éloigne pas de vous ; je suis surpris de cela, car je ne le vois pas avec vous. A moins que vous n'ayez dessein de me tromper, et de m'en faire accroire, dites-moi où il est, pour me satisfaire.

Madeleine.

50. — L'époux que j'ai est ici et ailleurs à la fois ; je ne veux point vous tromper, mais dire la vérité. Il a possédé mon cœur, et je lui serai fidèle ; et jamais je ne serai un moment sans me souvenir de lui.

Le Pécheur.

51. — Vous dérogez à votre qualité et chagrinez tous ceux qui vous aiment : il ne faut pas pleurer tant que cela pour aller un jour à la gloire. Où voyez-vous ordonné de verser tant de larmes sur nos péchés passés ? vous offensez le Seigneur.

Madeleine.

52. — Je ne suis qu'une pécheresse et je vous avertis : si vous avez envie d'être heureux, pensez à vous convertir ; car ce n'est que par la souffrance que nous pouvons prétendre au repos : il faut faire violence pour entrer au paradis.

Le Pécheur.

53. — Il ne vous faut pas être si pressée de souffrir une rude pénitence : vous l'avez commencée trop tôt, attendez que la mort soit proche, vous pouvez encore prendre votre temps et vous réjouir : en un moment nous pouvons faire notre salut en ce monde.

Madeleine.

54. — Nous ne saurions jamais trop nous presser de réparer nos péchés : beaucoup se sont abusés en croyant de pareils raisonnements ; quiconque agit de la sorte et diffère jusqu'à la fin se rend digne de la colère de Dieu, et indigne de toute faveur.

Le Pécheur.

55. — On n'observe plus sur votre visage un teint si vif et si brillant ; on ne voit plus dans vos yeux qu'un regret languissant ; de plus ils sont comme noyés ; si vous manquez de les soulager, en peu de temps vous serez étonnée de ce qu'ils ne vous serviront plus.

Madeleine.

56. — Ce serait mon profit, et non pas un dommage, que j'eusse perdu toute ma beauté ; et si je ne voyais plus jamais je n'aurais pas le moindre regret. Quiconque fait mauvais usage du bien qu'il a reçu se met dans le cas de faire rude pénitence.

Le Pécheur.

57. — Ni chaud ni froid n'ont nui ni fait aucun dommage à vos charmes ; l'ardeur du soleil n'a brûlé ni vos mains ni votre visage : un parasol et un éventail, un masque et une paire de gants, voilà ce que vous aviez toujours prêt pour conserver votre teint.

Madeleine.

58. — Quand je me rappelle cela je ne puis m'empêcher de rougir de honte, en voyant la vanité de beaucoup de gens de ce monde : la Vierge et son fils, mon Sauveur, fuyant devant le tyran, furent exposés à l'intempérie des saisons, sans avoir aucun soulagement.

Le Pécheur.

59. — Autrefois vous vous admiriez; si vous voyiez l'image de votre visage, si vous regardiez le miroir, à présent, vous ne vous connaîtriez plus : par la rigueur de votre pénitence vous l'avez fait se dessécher comme les feuilles de l'arbre quand elles tombent d'elles-mêmes.

Madeleine.

60. — Je n'ai plus besoin de regarder des miroirs; ce ne sont pas les charmes de mon visage que veut mon Maître et mon Seigneur; il a demandé mon cœur et je le lui ai donné, mais il ne le trouverait pas bien disposé si je ne souffrais d'abord.

61. — Pour miroir j'ai choisi mon Jésus attaché à la croix, que j'ai offensé, hélas! par des péchés qui sont grands; car j'ai été autrefois assez légère pour tirer gloire de ma beauté; mais Dieu me gardera désormais de tomber dans un tel péché.

Le Pécheur.

62. — Ces beaux cheveux que vous portez ne vous servent à rien et ne vous procureront aucun profit à moins que vous n'alliez les vendre; je vois qu'ils sont déjà négligés, vous n'en avez aucun souci et cependant ils ont plu, au temps où vous les soigniez.

Madeleine.

63. — J'ai toujours gardé mes cheveux et les garderai toute ma vie; s'ils ont servi à mon péché, ils serviront aussi à ma pénitence; ils sont parfumés d'un parfum sacré qui a une odeur excellente; je ne saurais jamais m'en passer (de ces cheveux), ni pour or ni pour argent.

Le Pécheur.

64. — Où avez-vous mis vos perles, bagues, collier, rubans? vous êtes habillée comme une pauvresse qui n'a pas de fortune, car maintenant je ne vois simplement que de méchants vêtements sur vous et vous n'avez pour toute parure que les cheveux de votre tête, qui vous couvrent.

MADELEINE.

65. — J'ai renoncé à toutes les perles, à mes bagues et rubans pour être la vraie servante du maître de toutes les perles ; non qu'il y ait péché à les porter, si l'on en fait bon usage ; mais, hélas, pauvre Marie-Madeleine ! j'ai offensé Dieu par elles.

LE PÉCHEUR.

66. — Vous n'avez pas pour dormir un lit convenable à votre mérite : votre tendre corps est sur la dure. J'ai peur que vous ne vous abrégiez (la vie). Autrefois vous dormiez sur le coton, et maintenant vous êtes sur la pierre ; si vous ne voulez changer de façon, vous êtes déjà sur le point de trépasser.

MADELEINE.

67. — Je me suis déshabituée des lits de coton et de plumes et celui-ci que vous croyez dur je le trouve trop doux et trop uni. Pour plaire à mon bien aimé il me faut l'imiter ; il a couché sur la dure et je ferai aussi comme lui.

LE PÉCHEUR.

68. — Où est le temps passé, que vous aviez toute sorte de mets ? et maintenant on ne vous voit pourvue que de pain et d'herbes, et vous n'avez pour tout breuvage que seulement de l'eau à boire, au lieu que pour votre usage vous aviez des meilleures liqueurs.

MADELEINE.

69. — Mon Sauveur a jeûné à cause de nos péchés et nous nous trouvons importunés quand il s'agit d'imiter ses exemples. Un corps qui est nourri délicatement n'obéit jamais à la raison et il faut se dompter par le jeûne et l'oraison.

LE PÉCHEUR.

70. — Dans les divertissements publics, le bal, la danse, l'opéra, en allant entendre chanter de la musique vous vous divertissiez ; par vos cinq sens naturels vous aviez toute sorte de plaisir et vous êtes devenue maintenant si cruelle que vous n'accordez rien à la nature.

MADELEINE.

71. — Les divertissements publics étaient nuisibles à mon âme, car ils rendent lubriques les chastes : chacun se damne de cette façon. Comédie, bal, danse et théâtre changent l'esprit des gens et rendent même idolâtres, hélas ! beaucoup de créatures.

LE PÉCHEUR.

72. — On ne vous entend pas chanter des chansons pour vous divertir, et il ne sort plus de votre bouche que les paroles les plus saintes ; en outre, vous avez laissé les danses où vous aviez du plaisir, pour pouvoir pousser des soupirs en un lieu de tristesse.

MADELEINE.

73. — Si ma bouche m'a servi à louer le démon, j'empêcherai à l'avenir qu'elle ne soit si insolente, certes. Le bal, la danse et les veillées, mon Dieu, vous le savez bien, si je n'en faisais pénitence, me mèneraient à ma perte.

LE PÉCHEUR CONVERTI.

74. — Après tout ce que j'ai dit en pensant vous pervertir, je vois que vous m'avez gagné, mon cœur ne peut plus résister ; je suis contraint à changer de langage et à aimer la pénitence ; je montrerai par mes actions que je suis entièrement changé.

75. — Trouverait-on une femme de résolution si forte que l'est Marie-Madeleine ? vous êtes une vraie pénitente ; vous avez eu de grandes grâces de Jésus, vous avez reçu le moyen de confondre le monde et la chair, Satan et ses serviteurs.

76. — J'ai pris beaucoup de peine et n'ai rien gagné à servir qui ? sinon Satan ! c'est une honte à moi de le dire : et j'étais envoyé par lui pour venir vous tenter, Madeleine, et vous avez triomphé de moi et de lui, ce que je n'aurais jamais cru.

MADELEINE (1).

77. — Ne servez jamais plus un maître qui est un tyran ; plus vous suivez sa loi plus il vous donnera de tourment ; prenez Jésus pour capitaine et enrôlez-vous avec lui ; et aussi vrai que je suis Marie-Madeleine, contentez-vous de lui.

(1) L'autre texte, imprimé à Lannion, porte avec raison ici *Madalen*.

Le texte breton a paru à Morlaix, chez A. Lédan (24 p.
s. d.); nous l'avons reproduit exactement, sauf quelques
changements d'accent grave en accent circonflexe, sur des
voyelles suivies de *n*. La traduction littérale a été faite par
M. Emile Ernault.

ak)   Coué le boun Dguieu, la bouna Viarge
                    Sé promenavont tou los dous
                    I-z-ont rincontra la Madelaine
                    Qué gibévé ambé los garçous.

                    — Fatibo, Marie Madelaine,
                    Valé-tu venì ambé nous ?
                    — Arrèta don, bouna Viarge,
                    Qué m'anne faire coueffa.

                    Coué son père que l'a coueffade
                    Ambé siés aunes de riban,
                    Coué sa mère qui l'a pignade
                    Amb' ain pigne d'argintan.

                    Drè qu'al' a foura dans l'égliéze
                    Alle se mit a trimbla.
                    — Trimbla pas, Marie Madelaine,
                    Oh ! t'as tant un boun souta !...

Traduction. — C'est le bon Dieu, la bonne Vierge qui se
promenaient tous les deux; ils ont rencontré la Madelaine
qui jouait avec les garçons. — Bonjour, Marie Madelaine,
veux-tu venir avec nous ? Arrêtez donc, bonne Vierge, que
j'aille me faire coiffer. — C'est son père qui l'a coiffée, avec
six aunes de rubans, c'est sa mère qui l'a peignée avec un
peigne d'argent. — Dès qu'elle fut dans l'église, elle se mit à
trembler. Ne trembles pas, Marie Madelaine; oh ! tu as un si
bon abri !...

L'Ancien Bourbonnais..., par Achille Allier. T. II. *Voyage pittoresque*, 1838,
p. 20.

TABLE ALPHABÉTIQUE DES MATIÈRES

DU TOME VI

ERRATA

———

Page 32, 26ᵉ ligne, au lieu de *amados* lisez *annados*.

Page 48, 4ᵉ ligne en commençant par en bas, au lieu de *vaikutella*, lisez
vaikutella

Fin du Tome VI.

———

CHARTRES. — IMPRIMERIE GARNIER.

www.ingramcontent.com/pod-product-compliance
Lightning Source LLC
Chambersburg PA
CBHW052152090426
42741CB00010B/2241